비교할수록 쉬워지는 단위

세상에서 가장 큰 거미인
골리앗새잡이거미의 **실제 크기**예요.
양쪽으로 쫙 편 다리 길이가 **28cm**로,
커다란 접시 지름만 해요.

비교할수록
쉬워지는 단위

초판 1쇄 발행 | 2018년 8월 14일　**초판 4쇄 발행** | 2022년 4월 18일
지은이 클라이브 기퍼드 | **그린이** 폴 보스턴 | **옮긴이** 김맑아, 강채민
펴낸이 변태식 | **펴낸곳** ㈜라이카미
책임편집 김현진 | **책임디자인** 김미지
총괄 박승열 | **마케팅사업부** 김대성 | **경영관리부** 강나율

대표전화 02-564-6006 | **팩스** 02-564-8626
주소 서울시 강남구 테헤란로77길 11-12 9층 (삼성동, 아라타워)
이메일 editor@laikami.com
신고번호 제2005-000355호 | **신고일자** 2005년 12월 8일
ISBN 979-11-87504-50-4 (73400)

THE BOOK OF COMPARISONS
by Clive Gifford, illustrated by Paul Boston

Copyright © 2018 Quarto Publishing plc
All rights reserved
This Korean edition published by arrangement with Voozfirm through AMO Agency, Seoul, Korea

이 책의 한국어판 저작권은 AMO에이전시를 통해 저작권자와 독점 계약한 도서출판 ㈜라이카미에 있습니다.
저작권법에 의해 한국 내에서 보호를 받는 저작물이므로 무단 전재와 무단 복제를 금합니다.
파본은 구입하신 서점에서 교환해 드립니다.

비교할수록 쉬워지는 단위

클라이브 기퍼드 글 | 폴 보스턴 그림 | 김맑아·강채민 옮김

호주 태즈메이니아에 사는 쇠주머니쥐의 **실제 크기**로, 머리부터 몸통까지가 겨우 **5cm** 밖에 안 돼요. 그래서 그림처럼 한 마리 위에 다른 한 마리가 올라앉아도 찻숟가락 길이보다 짧답니다!

라이카미

차례

6   모두가 약속한 규칙, 단위

8   왜 비교를 해야 할까?

10   **세계 인구수 비교** 지구에는 얼마나 많은 사람들이 살고 있을까요?

12   **몸속 크기 비교** 우리 몸속에 있는 여러 가지의 크기를 알아봐요.

14   **자연이 만드는 에너지 비교** 지진, 쓰나미 같은 지구 활동이 만드는 에너지는 얼마나 강력할까요?

16   **에너지로 할 수 있는 일 비교** 에너지는 어떻게 만들어지고 어떻게 사용될까요?

18   **날씨 비교** 가장 커다란 우박, 가장 많이 내린 비, 가장 많이 내린 눈의 기록은 얼마일까요?

20   **물의 양 비교** 지구와 우리 몸속에 있는 물의 양은 얼마나 될까요?

22   **식물의 크기 비교** 아주 작은 씨앗부터 어마어마하게 큰 나무까지 식물의 세계를 살펴봐요.

24   **키가 가장 큰 것 비교** 가장 키가 큰 동물, 나무, 빌딩, 그리고 산을 아주 쉽게 비교해 봐요.

26   **하늘 위 높이 비교** 우리가 상상하기도 힘들 만큼 아주 높은 곳에 다다른 것들을 살펴봐요.

28   **땅속 깊이 비교** 눈에 보이지 않는 깊고 깊은 땅속에는 어떤 세계가 숨겨져 있을까요?

30   **바닷속 깊이 비교** 컴컴한 바닷속 아주 깊은 곳에는 무엇이 있을까요?

32   **최고 기온과 최저 기온 비교** 대륙별로 가장 뜨겁고 차가웠던 극과 극의 기온을 비교해 봐요.

34   **세상에서 가장 긴 것 비교** 어마어마하게 긴 자연물과 구조물의 길이는 얼마나 될까요?

36   **이동하는 거리 비교** 동물들과 사람들이 떠난 아주 길고 굉장한 여행에 대해 알아봐요.

38   **태양계 행성 크기 비교** 우리가 속한 지구와 태양계 여러 행성들의 크기를 과일과 비교해 봐요.

40   **태양계 너머 크기 비교** 지구와 태양계, 그리고 그 너머에 있는 아득한 우주의 크기는 얼마나 될까요?

42   **중력의 크기 비교** 여러 천체에서 우리 몸무게는 어떻게 달라질까요?

44   **커다란 무척추동물의 크기 비교** 우리 생각보다 훨씬 큰 절지동물과 연체동물의 실제 크기를 살펴봐요.

46   **작은 동물의 크기 비교** 깜짝 놀랄 만큼 작은 동물들의 실제 크기를 생생하게 살펴봐요.

48   **눈에 보이지 않는 크기 비교** 맨눈으로는 볼 수 없는 세상에는 얼마나 작은 것들이 있을까요?

50   **크고 무거운 동물 비교** 엄청나게 크고 무거운 다양한 종류의 동물들을 알아봐요.

52	**대왕고래의 모든 것 비교**	지구에서 가장 큰 생물인 대왕고래는 얼마나 크고 무거울까요?
54	**공룡의 크기 비교**	아주 작은 공룡부터 아주 큰 공룡까지, 공룡의 크기를 비교해 봐요.
56	**많이 먹는 동물 비교**	많이 먹고 많이 싸는 지구 최고의 먹보와 똥싸개는 누구일까요?
58	**위험한 스포츠 비교**	세상에서 사고가 가장 많이 일어나는 위험한 스포츠는 무엇일까요?
60	**스포츠 기록 비교**	최대 속력과 높이, 그리고 경기장 크기를 통해 여러 가지 스포츠를 비교해요.
62	**동물의 점프 능력 비교**	도움닫기 없이 가장 멀리, 가장 높이 뛰는 것은 누구일까요?
64	**동물의 속력 비교**	하늘과 땅, 물에서 가장 빠른 동물을 알아봐요.
66	**탈것의 속력 비교**	하늘과 땅, 물에서 가장 빠른 운송수단을 비교해 봐요.
68	**탈것의 길이 비교**	세상에서 가장 기다란 탈것은 무엇이 있는지 알아봐요.
70	**여섯 가지 우주선 비교**	우주에서 가장 놀랍고 위대한 일을 해낸 기계들을 비교해 봐요.
72	**커다란 중장비 비교**	세상에서 가장 크고 힘이 강력한 중장비에 대해 알아봐요.
74	**과학 관측 장비 비교**	어마어마하게 크고 성능이 뛰어난 두 가지 과학 관측 기계를 알아봐요.
76	**동물의 힘 비교**	헐크처럼 괴력을 뽐내는 동물들은 누가 있을까요?
78	**위험한 동물 비교**	사람의 목숨을 위협하는 아주 위험한 동물들을 비교해 봐요.
80	**다섯 가지 감각 비교**	사람과 동물의 다섯 가지 놀라운 감각을 비교해 봐요.
82	**생물의 생명력 비교**	극한 환경에서도 가장 강인한 생명력을 뽐내는 동물은 누구일까요?
84	**생물의 성장 비교**	누가 누가 더 빨리 자라는지 생물의 성장 속도를 비교해 봐요.
86	**생물의 수명 비교**	수명이 가장 짧은 생물과 가장 긴 생물을 비교해 봐요.
88	**지구의 역사 비교**	약 45억 5천만 년의 지구 역사를 1년으로 압축하면 어떻게 될까요?
90	**'비교'하는 어린이를 위한 추천 웹사이트**	
92	**단위, 알기 쉽게 비교하기!**	

★ 책에 나오는 모든 단위는 책을 펼친 면에서 처음 나올 때마다 우리말과 기호를 함께 적고, 이후로는 보기 쉽게 기호로만 표시했습니다.

모두가 약속한 규칙, 단위

우리는 자라면서 '크다 – 작다, 길다 – 짧다, 높다 – 낮다, 많다 – 적다, 무겁다 – 가볍다, 뜨겁다 – 차갑다, 덥다 – 춥다' 같은 사물의 성질을 자연스럽게 익혀요. 그러면서 크기와 길이, 높이, 양, 무게, 온도, 속도 같은 개념을 저절로 알게 되지요. 그런데 누군가에게 길이가 얼마나 긴지, 넓이가 얼마나 넓은지 알려 주려면 어떻게 해야 할까요?

자나 저울이 없던 먼 옛날에는 신체 부위를 이용해서 길이나 넓이를 쟀어요. 손가락을 쭉 벌려서 한 뼘, 두 뼘 재거나 손이나 발 크기, 팔 길이, 보폭을 이용하는 식이었지요. 그런데 알다시피 사람의 몸 크기는 모두 제각각이에요. 그래서 똑같은 길이를 재도 내 손으로는 열 뼘이 나오지만 엄마, 아빠 손으로는 여섯 뼘이 나올 수도 있지요. 또 짐의 무게를 이야기하려고 해도 나한테는 무겁지만 다른 사람에게는 그리 무겁지 않을 수도 있고요. 그래서 사람들은 누가 재도 똑같은 값이 나오도록 '공통의 기준'을 필요로 하게 됐어요. 이렇게 탄생한 것이 바로 '단위'랍니다!

단위는 세상 모든 사람들이 '이렇게 쓰자'고 약속한 규칙이에요. 전 세계 어디를 가도 똑같은 신호등 색깔과 규칙처럼요. 그래서 우리는 생활 속에서 단위를 어떻게 사용하는지 정확히 알아둬야 해요. 그런데 단위의 종류가 여러 가지이다 보니 각 단위가 어떻게 다른지, 언제 어떤 단위를 써야 할지 알쏭달쏭 혼란스러워요. 하지만 걱정하지 말아요! 우리가 자라면서 자연스럽게 말을 배우고 수를 익히고 여러 가지 개념을 알게 된 것처럼, 단위도 아주 쉽게 배울 수 있답니다.

어떻게? 바로 이렇게, 세상의 모든 것을 비교하면서요!

지구에는 **13억 8600만 세제곱킬로미터(km³)**의 물이 있어요. 올림픽 같은 국제대회 규격 수영장 **554조 개**를 채울 수 있는 양이에요.

2005년 F1 3L 모터보트 경주에서 구이도 카펠리니가 **시속 244.94킬로미터(km/h)**라는 놀라운 기록을 세웠어요. 대부분의 자동차보다도 빠른 속력이에요.

왜 비교를 해야 할까?

우리는 항상 우리를 둘러싼 많은 것들을 '비교'해요. 어떤 동물이 더 빠른지, 어떤 공룡이 가장 센지는 물론이고 형과 나는 키가 얼마나 차이 나는지, 누구 과자가 더 많은지도 비교해 보지요. 대체 우리는 왜 이렇게 비교를 좋아할까요? 그 이유는 바로 비교가 사물의 특성과 개념을 이해하는 가장 쉬운 방법이기 때문이에요!

그런데 우리는 흔히 사람은 다른 사람과, 동물은 다른 동물과, 음식은 다른 음식과 비교해요. 하지만 그렇게 같은 종류끼리 비교할 필요는 하나도 없어요. 생각해 보세요. 한 번도 보지 못한 것의 크기를 상상하기란 너무나 어려운 일이에요. 특히 그 대상이 아주 아주 크거나 아주 아주 작다면 크기를 측정한 값을 봐도 아무런 의미 없는 숫자로 생각될 거예요. 하지만 우리가 알고 있는 사물과 비교해 생각하면 어떨까요? 예를 들어 세계에서 가장 높은 빌딩의 어마어마한 높이를 상상할 수 없다면, 우리가 동물원에서 본 기린의 키와 비교해 보는 거예요. 또 우리가 사는 지구와 태양계 속 여러 행성들의 크기가 궁금하다면, 우리 집에 있는 여러 과일들의 크기와 비교해 생각할 수 있지요. 그리고 산의 높이가 궁금하다면, 산을 옆으로 눕혀서 기다란 다리 길이와 비교하거나 산을 거꾸로 뒤집어서 땅속 얼마나 깊은 곳까지 다다르는지 알아볼 수도 있어요. 정말 신기하고 놀라운 방법이지요?

이처럼 비교는 여러분이 원하는 것이라면 무엇이든, 어떻게든 할 수 있어요. 다만 대왕고래나 우주정거장처럼 흔하지 않은 것보다는 우리 주변에 있는 연필, 축구공, 과일, 아니면 열 살짜리 어린이를 비교 대상으로 선택하는 것이 좋아요. 그래야 우리가 쉽게 이해할 수 있으니까요.

**자, 이제 완전히 다른 새로운 시각으로
세상을 살펴볼 때예요!**

세계 인구수 비교

2,000년 전 지구에는 약 3억 명의 사람들이 살았어요. 그런데 우리가 사는 지금은 그때보다 25배나 많은 75억 명 정도의 사람들이 살고 있답니다!

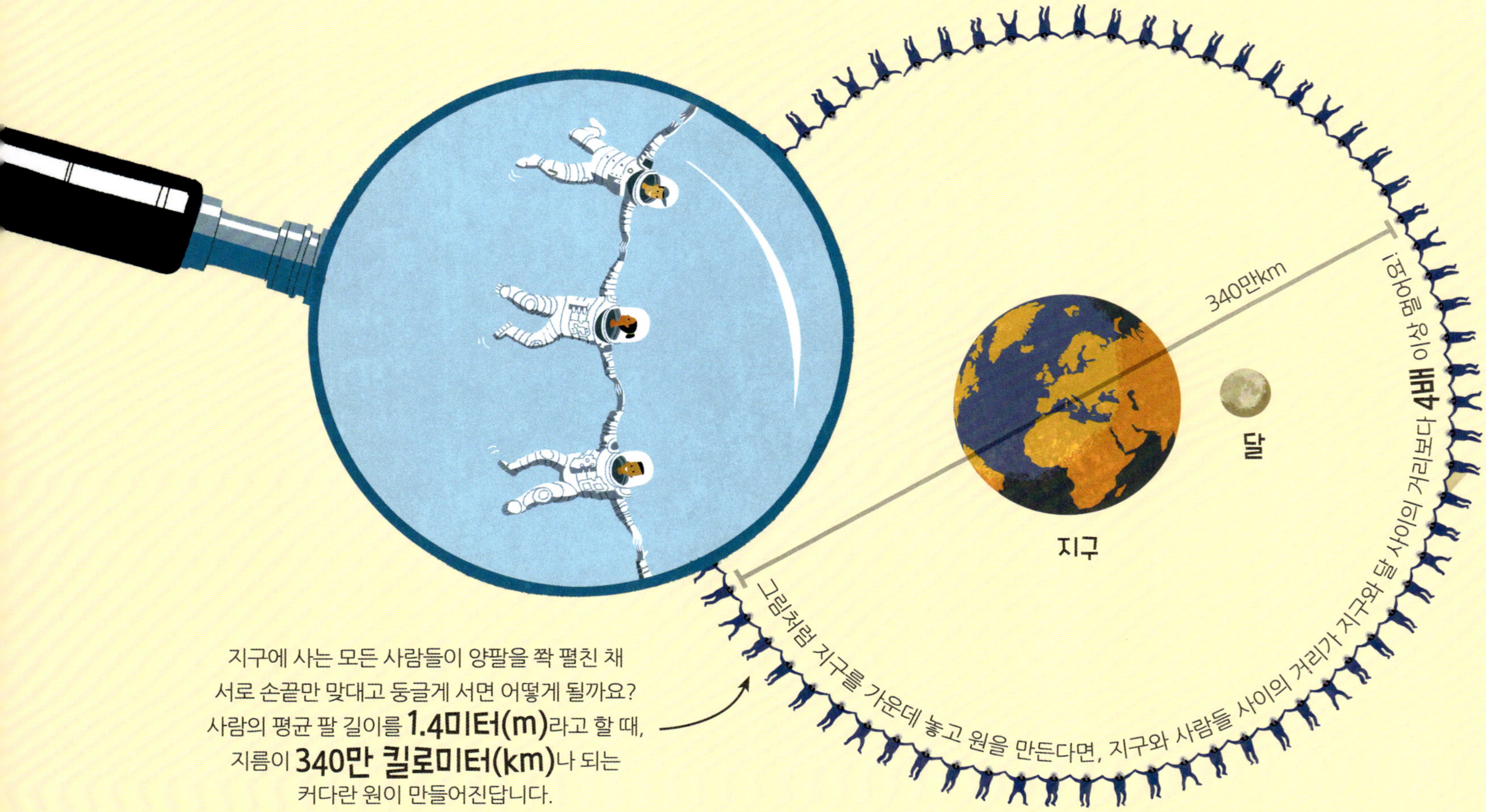

지구에 사는 모든 사람들이 양팔을 쫙 펼친 채 서로 손끝만 맞대고 둥글게 서면 어떻게 될까요? 사람의 평균 팔 길이를 **1.4미터(m)**라고 할 때, 지름이 **340만 킬로미터(km)**나 되는 커다란 원이 만들어진답니다.

그림처럼 지구를 가운데 놓고 원을 만든다면, 지구와 사람들 사이의 거리가 지구와 달 사이의 거리보다 **4배**나 더 멀어요!

340만km

달

지구

전 세계에 매일 **약 36만 명**의 아기가 태어나요. 적어도 **1초**마다 **4명**이 태어나는 셈이지요. 얼마나 많은 수인가 하면…

3초마다 심판 한 명을 포함한 축구팀 하나(12명)가 생겨요.

6시간 7분이면 거대한 스포츠 경기장을 88,080명의 신생아로 가득 채울 수 있어요.

하루 하고 **16시간 1분 2초** 동안 태어난 신생아 수는 룩셈부르크 인구와 맞먹어요!

재밌는 인구 통계

인간 피라미드
지구에 사는 모든 사람들의 몸무게를 더하면 3억 3100만 톤(t)이 돼요. 이집트 기자 피라미드 56개를 더한 무게와 같아요.

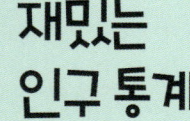
X 56

가장 작은 나라
바티칸시국은 인구가 겨우 800명 정도예요. 대형 여객기인 에어버스 A380 한 대에 전부 탈 수 있지요!

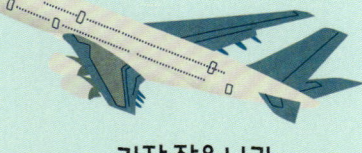

사람이 가장 많은 도시
중국 상하이는 세계에서 가장 많은 사람이 사는 도시예요. 이곳의 인구는 2415만 2,000명으로 호주 인구와 거의 비슷해요.

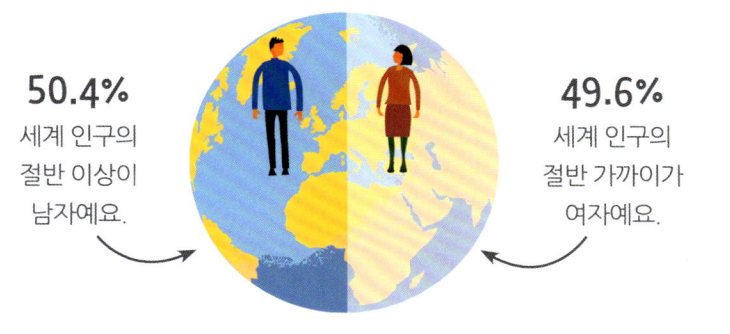

50.4% 세계 인구의 절반 이상이 남자예요.

49.6% 세계 인구의 절반 가까이가 여자예요.

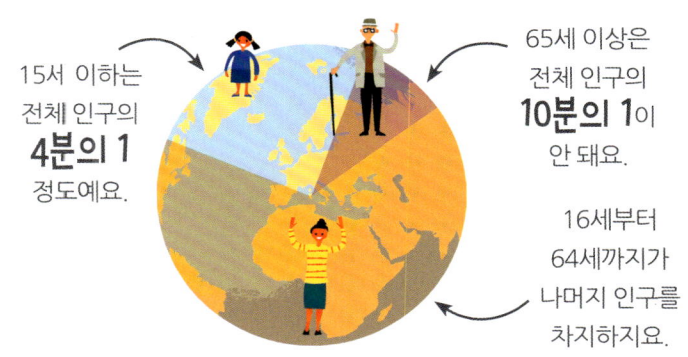

15세 이하는 전체 인구의 **4분의 1** 정도예요.

65세 이상은 전체 인구의 **10분의 1**이 안 돼요.

16세부터 64세까지가 나머지 인구를 차지하지요.

만약 육지 전체에 **75억 명**의 인구를 고르게 분산시키면 어떻게 될까요? 한 변의 길이가 2.5km인 정사각형 땅 안에 **129명**이 들어가요.

2.5제곱킬로미터(km²)는

미식축구 경기장 **484개** 넓이와 같아요.

그러니까 우리 모두가…

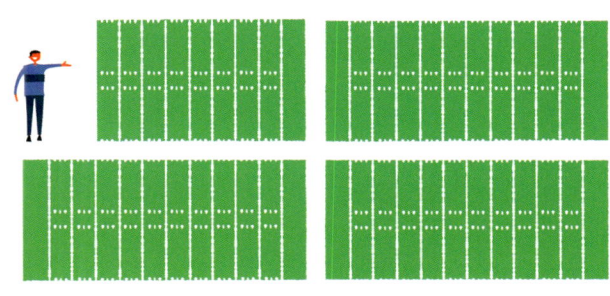

미식축구 경기장 **3.7개** 크기의 공간을 가질 수 있다는 뜻이지요.

몽골은 땅은 아주 넓지만 인구수는 적어요. 그래서 나라 전체에 사람들을 고르게 분산시키면 **2.5km²** 안에 겨우 **5명**이 들어가요.

반대로 중국 마카오는 면적에 비해 인구가 매우 많은 곳이에요. **2.5km²당 55,000명**의 사람들이 복닥복닥하게 살고 있답니다.

미식축구 경기장 하나에 **113.6명**이 들어가 있는 셈이에요!

계속되는 인구 증가

2056년쯤에는 세계 인구가 100억 명에 이를 거라고 해요.

- 75억 명 — 2017
- 80억 명 — 2023
- 100억 명 — 2056

엄청난 양의 식량들

전 세계 인구는 10초에 856t이나 되는 식량을 소비해요!

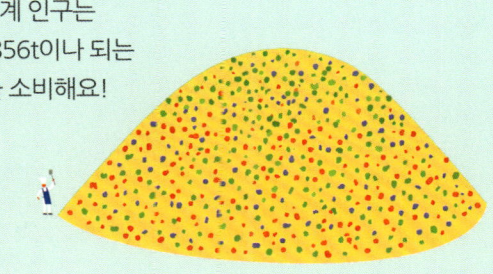

사람이 탑을 쌓으면?

중국인 모두가 서로의 어깨를 밟고 서면, 높이가 204만km나 되는 높다란 탑이 만들어질 거예요. 지구와 달 사이의 거리보다 5배나 더 긴 길이랍니다.

몸속 크기 비교

우리는 엄마 몸속에 있는 난자에서 시작해 열 달 동안 3~5킬로그램(kg) 정도로 자란 뒤 건강하게 태어나요. 그 뒤로는 10대 후반이나 20대 초반이 될 때까지 하루가 다르게 쑥쑥 자라지요. 우리 몸이 어떻게 자라는지 숫자를 통해 알아볼까요?

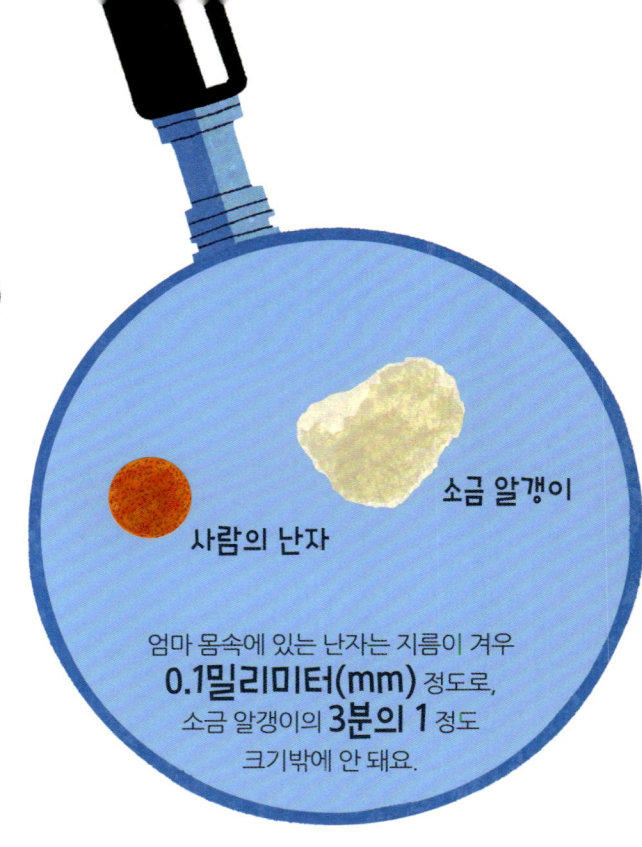

엄마 몸속에 있는 난자는 지름이 겨우 **0.1밀리미터(mm)** 정도로, 소금 알갱이의 **3분의 1** 정도 크기밖에 안 돼요.

우리 몸의 어떤 부분은 태어나서 죽을 때까지 계속해서 자라요. 예를 들어 손톱은 한 달에 평균 **3.4mm**씩 자라는데…

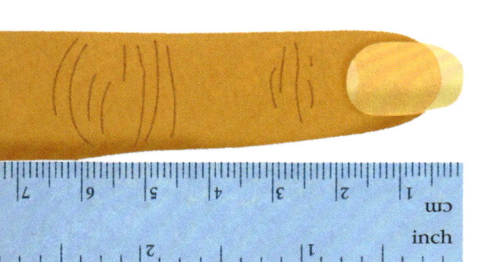

이건 발톱보다 **2배**는 빠른 속도예요. 또 우리 몸에 있는 206개의 뼈 가운데 가장 작은 등자뼈와 같은 길이랍니다. 등자뼈는 귓속에 있어요.

 등자뼈 실제 크기

허벅지에 있는 넙다리뼈는 우리 몸에서 가장 큰 뼈예요.

넙다리뼈의 평균 길이는 성인 키의 **25~26퍼센트(%)** 정도예요.

넙다리뼈는 등자뼈 길이의 **135배** 정도이고, 신생아 평균 키와 비슷해요.

사람마다 키나 몸무게, 몸매는 서로 다르지만 신체의 몇몇 부분은 비율이 대개 비슷해요.

아래팔 길이는
=
발 길이와 비슷해요.

손 길이는
=
얼굴 길이와 비슷해요.

양팔을 쫙 편 길이는
=
키와 거의 같아요.

뇌 무게는 아기가 어른으로 성장할 때까지 점점 늘어나요.

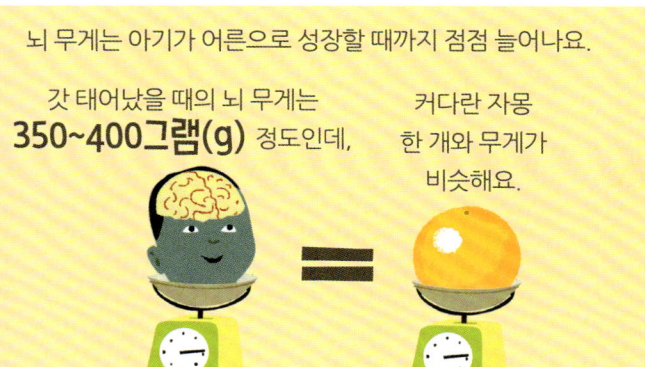

갓 태어났을 때의 뇌 무게는 **350~400그램(g)** 정도인데, 커다란 자몽 한 개와 무게가 비슷해요.

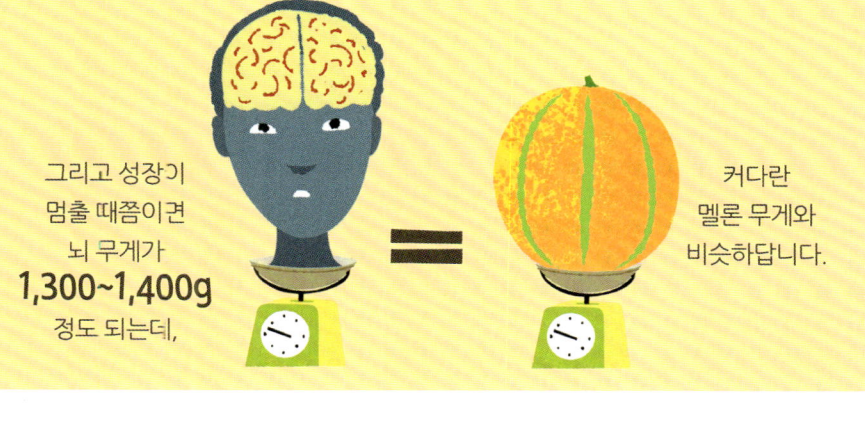

그리고 성장기 멈출 때쯤이면 뇌 무게가 **1,300~1,400g** 정도 되는데, 커다란 멜론 무게와 비슷하답니다.

우리 몸에는 약 **650개**의 근육이 있어요.

그중 **가장 작은** 것은 귓속 등자뼈를 조절하는 근육이에요.

반대로 **가장 큰** 것은 엉덩이에 있는 큰볼기근이지요.

우리가 삼킨 음식물은 소화를 거쳐 작은창자에서 흡수돼요. 작은창자는 엄청나게 길어서 우리 뱃속에 꼬불꼬불 감겨 있어요. 얼마나 긴가 하면, 일자로 쭉 폈을 때 길이가 약 **7.3미터(m)**나 된답니다.

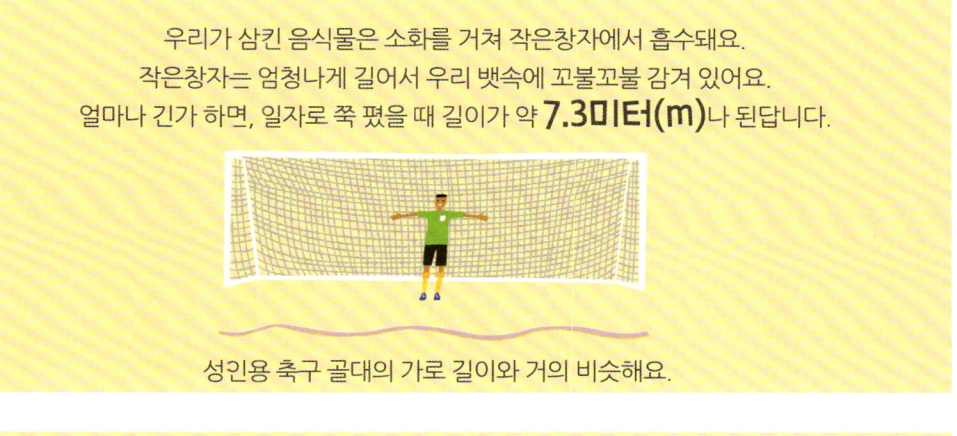

성인용 축구 골대의 가로 길이와 거의 비슷해요.

우리 입속에 있는 침샘은 매일 **1.5리터(L)**의 침을 만들어요.

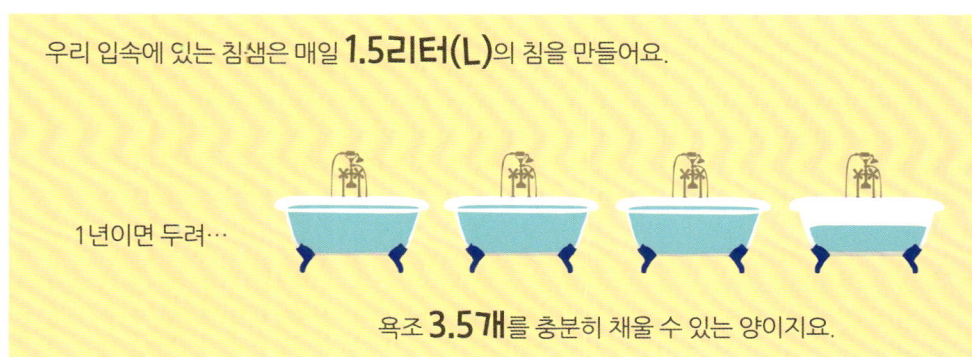

1년이면 두려… 욕조 **3.5개**를 충분히 채울 수 있는 양이지요.

성인의 피부 무게는 **3~4kg** 정도예요.

몸을 감싼 피부를 모두 모아 납작하게 펼치면 **2제곱미터(m²)** 정도 되는데,

1인용 침대의 이불만 한 크기예요.

심장은 보통 1분에 72회 정도 뛰고, 한 번 뛸 때마다 **70밀리리터(mL)**의 피를 내보내요. 즉, 심장이 6일간 내보내는 피 양은…

보잉 757기의 연료 탱크를 꽉 채울 정도로 많아요.

피는 성인 몸속에서 매일 **19,000킬로미터(km)**를 이동해요.

이는 영국에서 뉴질랜드까지의 거리와 거의 같답니다.

자연이 만드는 에너지 비교

지구 겉면을 덮고 있는 부분인 지각이 세차게 흔들리면 지진이나 지진 해일(쓰나미), 산사태, 눈사태 등이 일어나 커다란 재해가 생길 수 있어요. 모두 놀라울 정도로 엄청난 에너지를 만들어내거든요.

위에서 아래로 쏟아지는 힘
눈사태가 일어나면, 높은 곳에 있던 눈이 단 5초 만에 **시속 100킬로미터(km/h)**로 쏟아져 내릴 수 있어요. 스포츠카에 견줄 만큼 빠른 속력이에요.

상승하는 힘
지진 해일, 즉 '쓰나미'는 주로 바다 밑바닥에서 일어나는 커다란 지진이나 화산 활동 때문에 발생해요. 바다 한가운데서 높고 큰 파도가 일어나 순식간에 육지를 덮치는데, 수심이 얕은 해안가로 다가올수록 속력은 점점 줄어들지만 뒤에서 연이어 밀려오는 거대한 바닷물 덩어리의 에너지 때문에 파도 높이는 더욱 더 높아진답니다.

1958년 알래스카에서 일어난 쓰나미는 파도 높이가 무려 **524미터(m)**나 됐어요. 안테나를 뺀 엠파이어스테이트 빌딩에 기자 피라미드를 얹은 것보다 더 높았다는 이야기예요!

1970년 페루의 우아스카란 산에서 엄청난 규모의 눈사태가 일어났어요. 무려 **5,000~1억 세제곱미터(m³)**의 눈과 얼음, 바위가 무너져 내렸지요.

 × 40

얼마나 많은 양인가 하면, 이집트에서 가장 웅장한 피라미드인 기자 피라미드를 **40회**나 가득 채울 수 있는 양이랍니다.

2004년 남아시아를 휩쓴 초강력 쓰나미는 인도양에서 발생한 **규모 9.2**의 강진이 원인이었어요. TNT 폭약 **4.5메가톤(Mt)**이 폭발한 것과 강도가 같았을 것으로 짐작하는데, 이것은 제2차 세계대전에 사용된 모든 폭약과 무기를 합한 위력의 **1.5배**나 되는 에너지랍니다.

비가 섞여 축축한 눈과 얼음은 보통 **30km/h**로 무너져 내려요.

북극곰의 최대 속력과 같아요.

반면 습기가 적은 눈은 최대 **130km/h**로 무너져 내려요.

우리나라 고속도로의 최고 제한 속도보다 훨씬 빠르지요.

바다에서 쓰나미의 최대 속력은 **800km/h** 이상으로,

제트기만큼 빨라요.

하지만 해안가로 다가올수록 속력이 점차 줄어들어서 **32~48km/h** 정도가 돼요.

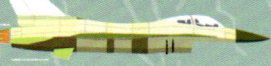

경주용 자전거와 비슷한 속력이지요.

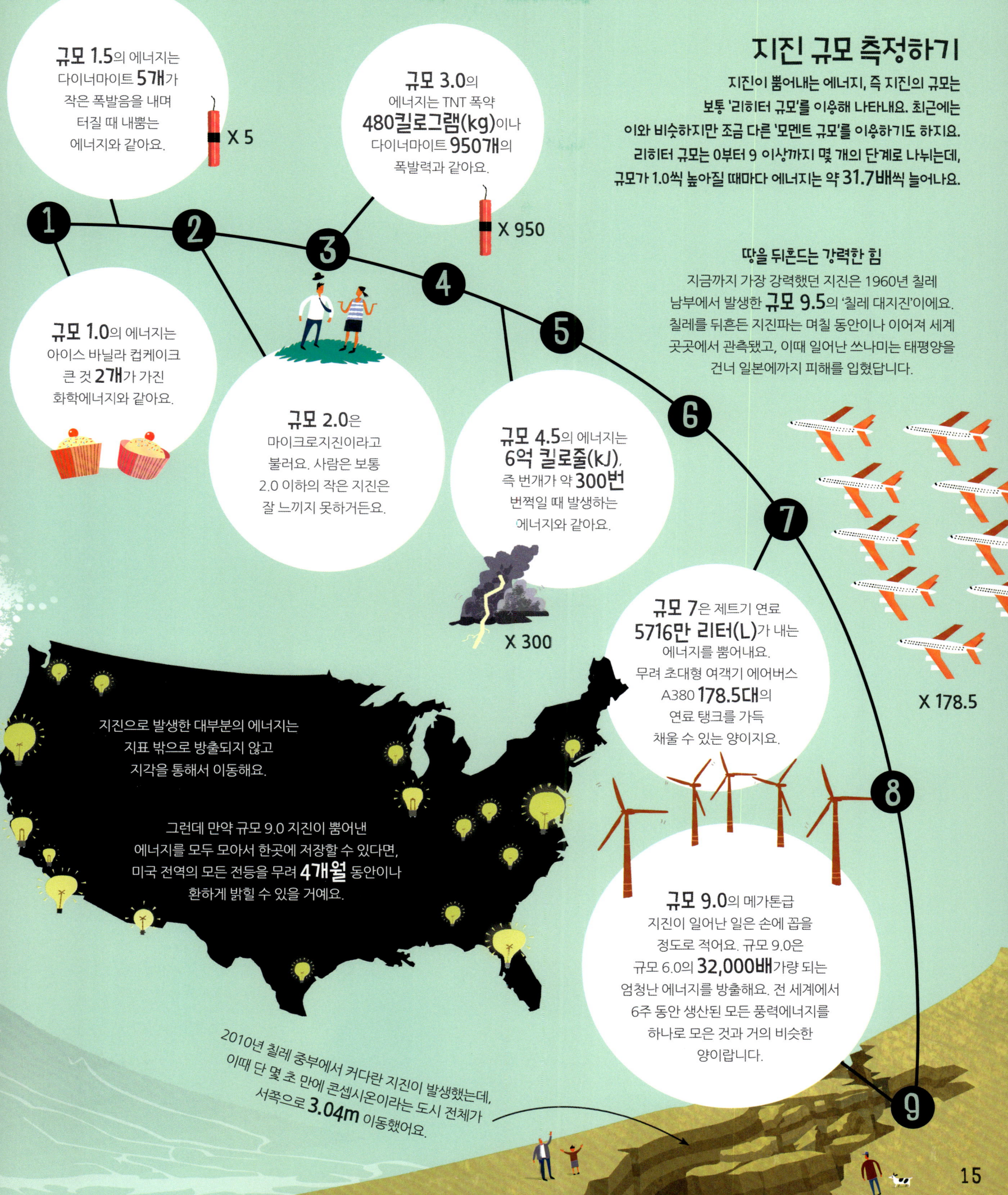

에너지로 할 수 있는 일 비교

에너지란 일을 할 수 있는 능력을 말해요. 에너지는 줄(J)과 킬로줄(kJ)로 측정하는데, 1,000J은 1kJ과 같답니다. 한편 정해진 단위시간 동안 사용되는 전기에너지의 양은 주로 와트(W)와 킬로와트(kW)로 표현해요. 1W는 1초에 1J의 에너지를 사용하는 것을 의미하지요.

와트? 킬로와트?

둘 다 전기에너지를 측정하는 단위로 1,000W가 1kW와 같아요. 그리고 1kW의 전기에너지로 1시간 동안 하는 일의 양을 1킬로와트시(kWh)라고 하는데, 1kWh는 3,600kJ과 같답니다.

자, 그럼 1kWh의 전기에너지로 우리는 무엇을 할 수 있을까요?

42인치(in) 텔레비전을 **3~6시간** 동안 볼 수 있어요.

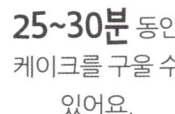
25~30분 동안 케이크를 구울 수 있어요.

식빵 2장을 동시에 구울 수 있는 750W 토스터로 식빵 **80장**을 구울 수 있어요.

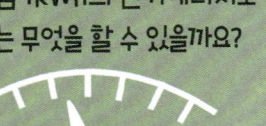
1시간 동안 스마트폰 **200~400개**를 충전할 수 있어요.

8분 동안 샤워를 할 수 있어요.

운동에너지를 전기에너지로

작은 발전기가 달린 자전거 페달을 **1시간** 동안 밟으면, 약 **0.1kWh**의 전기가 생산돼요.

보통의 영국 가정에서 1년간 사용하는 전기 4,000kWh를 생산하려면 페달을 **1,666일**(4년 반) 동안 쉬지 않고 밟아야 하지요.

번개

번개가 한 번 내리칠 때마다 무려 **556kWh**의 전기에너지가 생산돼요. 만약 이것을 전부 모을 수 있다면, 번개가 **2번**만 쳐도 보통의 미국 가정이 1년간 사용할 전기를 충분히 공급할 수 있어요.

또 **135,320번** 치면, 독일 전 지역에서 1시간 동안 사용할 전기를 마련할 수 있답니다.

전기뱀장어

전기뱀장어는 몸에 전기를 만들어내는 특별한 기관이 있어요. 굉장히 짧은 시간, 정확하게는 **1,000분의 2초** 만에 **600W**의 전기를 생산해요.

만약 전기뱀장어의 몸에서 나오는 전기를 저장해서 사용할 수 있다면,

전기뱀장어 전기를 **84번** 모으면 100W 전구를 1초 동안 켤 수 있어요.

6만 번 모으면 1,200W 헤어드라이기를 1분 동안 사용할 수 있고,

270만 번 모으면 900W 히터를 1시간 동안 사용할 수 있지요.

바나나 한 개의 에너지

사람을 포함한 모든 생물은 하루 종일 에너지를 소비하고 무언가를 먹어서 다시 채워요.

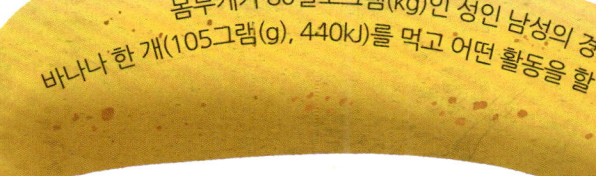

몸무게가 80킬로그램(kg)인 성인 남성의 경우, 바나나 한 개(105그램(g), 440kJ)를 먹고 어떤 활동을 할 수 있을까요?

시속 4킬로미터(km/h)로 26분 25초 동안 걸을 수 있어요.

19분 48초 동안 탁구를 칠 수 있어요.

15분 51초 동안 스노클링을 즐길 수 있어요.

10분 6초 동안 디스코 춤을 출 수 있어요.

12km/h로 6분 59초 동안 달릴 수 있어요.

대부분의 생물은 먹이를 구할 때도, 먹을 때도 에너지를 소비해요.

벌새가 온종일 아무것도 하지 않고 쉰다면 시간당 1.25kJ, 하루에 총 **30kJ**의 에너지를 소비해요. 그래서 벌새가 바나나 한 개를 먹고 가만히 쉰다면 **14일**을 버틸 수 있어요. 하지만 벌새는 날아다니며 많은 시간을 보내요. 특히 제자리에 떠 있는 정지 비행은 쉴 때보다 7배나 많은 에너지를 필요로 한답니다.

세발가락나무늘보는 모든 포유류 가운데 가장 적은 에너지를 소비해요. 하루에 **648kJ** 정도만 써서, 커다란 페퍼로니피자 **한 조각**(1,380kJ)이면 이틀 동안 사는 데 필요한 에너지를 충분히 얻을 수 있답니다. 물론 나무늘보가 식물의 잎과 싹보다 피자를 더 좋아한다면 말이에요.

치타는 하루에 **9,000kJ**의 에너지를 소비하는데, 그 절반 가까이를 하루 평균 사냥 시간인 **2시간 50분** 동안 사용해요.

대왕고래는 앞으로 헤엄쳐 나가면서 물을 잔뜩 들이마신 다음, 물속에 둥둥 떠 있는 크릴만 남기고 물은 뱉어내요. 앞으로 쭉 나아갈 때마다 **8,071kJ**의 에너지가 드는데, 커다란 페퍼로니피자 **6조각**과 맞먹는 양이에요.

하지만 크릴을 한입 가득 먹으면 **191만 2,088kJ**이나 되는 엄청난 에너지를 얻을 수 있어요. 정말 완벽한 식사이지요!

날씨 비교

화창하다가 비가 쏟아지기도 하고, 온화하다가 갑자기 쌀쌀해지기도 하는 날씨는 지구에 사는 모든 생물에게 큰 영향을 미쳐요. 지구 곳곳에서 나타나는 변화무쌍한 날씨에 대해 알아봐요.

우박이 와르르

우박은 몹시 차가운 구름 꼭대기에서 만들어져 땅으로 떨어지는 얼음덩어리예요. 대부분 완두콩만 한 크기지만 가끔은 골프공만 하기도 하고, 더 드물게는 자몽보다 큰 것도 있어요.

가장 큰 우박으로 기록된 것은 2010년 미국 사우스다코타 주에 떨어진 우박이에요.

 지름이 무려 20센티미터(cm) 정도로  거의 배구공만 하고,

무게는 880그램(g)으로 축구공 2개와 비슷했어요.

최고 기온과 최저 기온

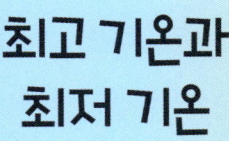

2017년 육지와 바다를 통틀어 지구 평균 기온은 **섭씨 14.74도(℃)** 였어요.

반대로 지금까지 기록된 최고 기온은 1913년 미국 캘리포니아 주 데스밸리에서 측정된 **56.7℃**예요. 2017년 지구 평균 기온보다 **4배**나 뜨거운 온도랍니다.

지금까지 기록된 최저 기온은 1983년 남극 대륙에 있는 보스토크 기지에서 측정된 **영하 89.2℃**예요. 2017년 지구 평균 기온보다 **100℃** 이상이나 낮은 온도였지요.

바람의 속력은 얼마나 될까?

기상학자들은 가끔씩 바람의 속력을 '계급'으로 표시한 '보퍼트 풍력 계급'을 이용해서 바람의 세기를 추측하기도 해요. 만약 이 계급에 따른 다양한 바람의 속력을 동물들의 속력과 비교한다면 어떨까요?

계급 6 : 된바람
38~49km/h는…

계급 8 : 큰바람
62~74km/h는…

계급 1 : 고요
시속 1킬로미터(km/h) 이하는…

계급 3 : 산들바람
12~19km/h는…

갈라파고스땅거북 | 생쥐 | 아프리카코끼리 | 타조

0km/h — 13km/h — 40km/h — 69.9km/h

물의 양 비교

지구 표면은 3분의 1이 육지이고, 나머지는 모두 물이에요. 그리고 그 물의 대부분은 바다랍니다.

지구는 '푸른 행성'으로 알려져 있어요. 지구 표면 대부분이 물로 차 있어서, 우주에서 바라보면 푸르게 보이거든요.

지구에는 **13억 8600만 세제곱킬로미터(km^3)**의 물이 있어요. 올림픽 같은 국제대회 규격 수영장 **554조 개**를 채울 수 있는 양이지요. 지구를 채우고 있는 물은 이렇게 나뉘어요.

97퍼센트(%)는 염분이 있는 바닷물이에요.

우리는 바닷물에서 수영을 하고 신나게 놀 수 있지만 마실 수는 없어요.

2‰는 극지방에 얼음과 눈으로 얼어 있는 담수예요.

우리가 마실 수 있는 물이긴 하지만, 흔히 구할 수 있는 물은 아니에요.

1‰는 강과 호수, 땅속, 대기 속, 그리고 모든 생명체 안에 들어 있는 담수예요.

우리는 이 1‰의 담수 덕분에 생명을 유지할 수 있답니다.

생명을 살리는 물

가장 특별한 것!
물은 자연 상태에서 액체, 고체, 기체, 3가지 상태로 모두 존재할 수 있는 특별한 물질이에요.

고체 : 얼음   액체 : 물
기체 : 수증기

소중한 한 방울!
인간은 먹을 것 없이도 한 달을 살 수 있지만, 물이 없으면 겨우 3~5일 정도만 버틸 수 있어요.

재활용되는 물
지구의 물은 끊임없이 재활용되고 있어요. 어쩌면 지금 우리가 마시는 물속에 먼 옛날 공룡이 마셨던 물이 아주 조금 섞여 있을지도 몰라요.

모든 생물과 마찬가지로, **우리 몸**은 주로 물로 이루어져 있어요. 물의 대부분은 피와 뼈에서부터 장기, 피부 등 신체의 모든 부분을 구성하는 아주 작은 세포 안에 들어 있어요. 나이가 어릴수록 몸속에 있는 물의 비율이 더 높답니다.

믿기 어렵겠지만, 우리 뇌는 **80%**가 물로 이루어져 있어요. 세포는 계속해서 물을 사용하기 때문에, 주기적으로 물을 채워주지 않으면 제대로 일을 할 수 없어요. 그렇기 때문에 격렬하게 운동할 때나 머리를 많이 쓸 때는 꾸준히 물을 마시는 게 중요해요!

50%   50% 65% 60%   80%

신생아는 몸의 **75%**가 물로 이루어져 있어요.

성인 남성의 몸속에 있는 물 양은 **1리터(L)** 물병을 **47.5개** 모은 것과 비슷해요.

바닷물은 담수보다 무게가 많이 나가요. 거대한 파도에 실린 바닷물 무게는 **300톤(t)**이 넘을 수 있어요.

만약 300t의 파도가 우리 위로 쏟아진다면, 그 충격은 SUV **110대**가 머리 위로 한꺼번에 떨어지는 것과 같을 거예요.

소행성 충돌
지구의 물은 어떻게 생겨났을까요? 과학자들은 아마도 약 40억 년 전 수많은 운석과 소행성이 지구와 충돌했을 때, 소행성에 있던 얼음이 지구에 쌓이면서 처음으로 물이 생겼을 거라고 생각해요.

잠깐, 물을 내리기 전에!
일반적인 미국 가정에서 사용하는 모든 물 가운데 약 4분의 1이 변기 물을 내리는 데 사용돼요. 만약 물을 내릴 때마다 22L를 쓰는 구식 변기를 6L만 쓰는 신식 변기로 바꾸면, 이 세상 모든 변기의 물을 한 번 내릴 때 거의 20억L를 아낄 수 있을 거예요.

생명의 시작
최초의 생명체는 아마도 깊은 바닷속에서 뜨거운 물을 내뿜는 열수 분출공에서 탄생했을 거라고들 해요. 그런데 최근 토성의 위성 엔켈라두스의 얼음 밑에서 해저 열수공의 흔적이 발견됐어요. 그곳에서 우리는 외계 생명체를 발견할 수 있을까요?

식물의 크기 비교

식물은 참 다양한 모습을 가지고 있어요. 수백 명의 사람들에게 시원한 그늘을 제공하는 크고 굵은 나무부터 현미경 없이는 확인할 수 없을 정도로 아주 작은 씨앗까지, 각양각색이지요.

셔먼장군나무

미국 캘리포니아 주 북부에 있는 셔먼장군나무는 지구에서 가장 커다란 나무 품종인 자이언트세쿼이아 중에서도 가장 크고 굵은 나무예요. 약 2,700년에서 2,800년 전쯤 싹을 틔웠을 것으로 추측해요.

가장 굵은 가지의 지름이 **2.1미터(m)**로, 평균 키를 가진 성인 남성이 머리 위에 비치볼과 오렌지를 하나씩 올려놓았을 때와 길이가 비슷하답니다!

나무 밑줄기에서만 **1,256톤(t)**의 목재가 나와요. 이 무게는 대왕고래 **9마리**, 또는 짐을 가득 채운 초대형 여객기 **3대**와 거의 같아요.

나무 밑동은 지름이 **11.1m**예요. 잘라서 옆으로 세우면 수컷 기린 **2마리**의 키를 더한 것보다 조금 더 높아요.

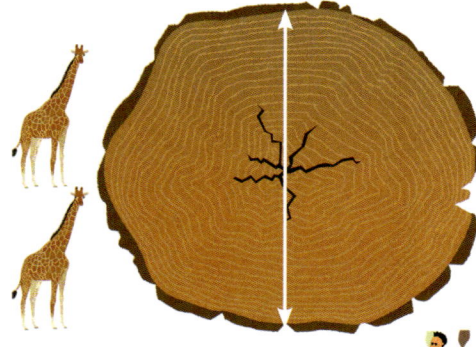

셔먼장군나무의 풍성한 잎과 가지는 사방으로 평균 **32.5m**나 뻗어 있어요.

농구 경기장 **2개**를 옆으로 나란히 붙여 놓은 것보다 넓지요.

셔먼장군나무의 높이는 **83.8m**로, 피사의 사탑 높이의 약 **1.5배** 정도예요.

그런데 이렇게 거대한 나무로 자라는 씨앗은 길이가 고작 **4~5밀리미터(mm)**, 폭은 **1mm** 정도밖에 안 된답니다.

 씨앗의 실제 크기

그리고 밑동의 둘레는 **31.1m**인데, 열 살 어린이 **21명**이 양팔을 벌리고 서서 서로 손끝을 잡고 원을 만들었을 때의 둘레와 같답니다.

가장 긴 잎
야자나무의 한 종류인 라피아야자는 아주 길쭉하고 커다란 잎으로 유명해요. 길이는 **25.11m**에 폭은 **3m**까지 자라는데, 이 길이는 대왕오징어 **2마리**의 길이를 더한 것과 비슷해요.

가장 큰 잎
아마존빅토리아수련은 지름이 최대 **2.5m**에 이르는 아주 크고 둥근 잎을 가졌어요. 물 위에서 **45킬로그램(kg)**까지 떠받칠 수 있어서, 보통 열두 살 어린이 정도는 잎에 누워서 잠도 잘 수 있어요.

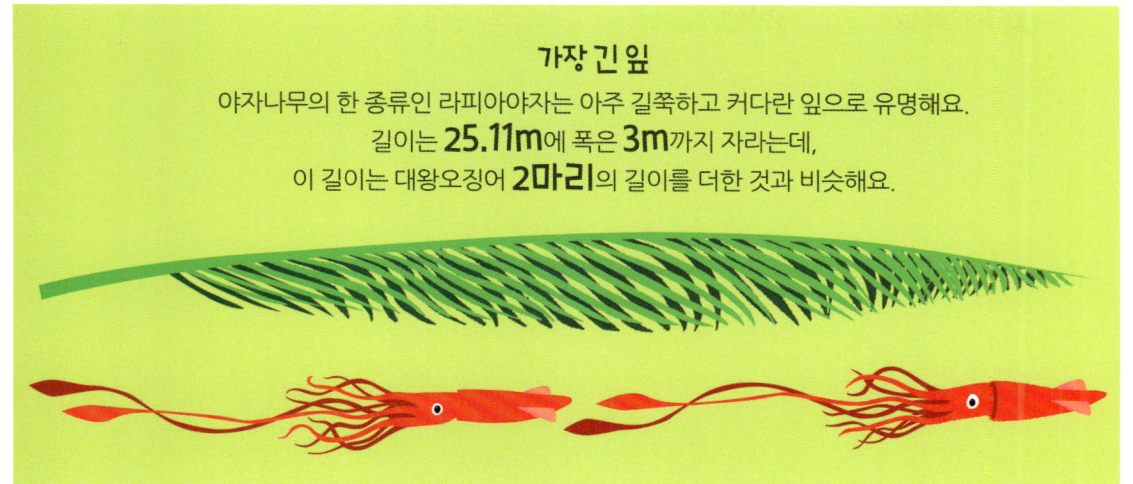

가장 빠른 씨앗
샌드박스나무는 열매가 익어서 마르면, 탁 하는 소리와 함께 꼬투리가 터지면서 그 속에 있던 씨앗이 용수철처럼 튕겨 나가요. 무려 **시속 250킬로미터(km/h)**로 최대 **40m**까지 날아가지요.

치타보다 **2배**나 빠른 속력이에요!

약 6cm
약 4cm

가장 큰 씨앗
코코드메르 야자수 씨앗은 아주 커다란 껍데기 속에 들어 있어요. 이 껍데기는 길이가 최대 **45센티미터(cm)**에 이르고, 무게는 **25kg**이나 나가요. 24개월 유아 **2명**과 비슷한 무게이지요.

가장 작은 씨앗
서양란은 씨앗 크기가 **0.08mm** 정도로 소금 알갱이보다도 작아요. 무게도 **0.8마이크로그램(µg)**밖에 안 돼서, **50개** 이상 모아도 우리 속눈썹 한 가닥과 무게가 비슷하답니다.

물을 가장 많이 저장하는 나무
바오밥나무의 거대한 밑줄기는 지름이 최대 **15.9m**나 돼요. 바오밥나무는 그 안에 **12만 리터(L)**에 이르는 엄청난 양의 물을 저장할 수 있는데, 무려 욕조 **774개**를 거뜬히 채울 수 있는 양이에요.

X 774

키가 가장 큰 것 비교

나보다 큰 것을 살펴보려면, 아찔할 정도로 높은 곳에 올라가서 내려다봐야 해요. 하지만 그건 좀 겁나는 일이지요. 그러니까 대신 사람의 평균 키와 지구에서 가장 큰 동물의 키를 비교하고, 다시 동물과 더 큰 것들을 비교해 봐요.

<키가 큰 동물들>

사람의 평균 키 (1.77m)

- 수컷 기린 5.5m
- 수컷 아프리카코끼리 3.2m
- 타조 2.7m
- 말코손바닥사슴 2.1m
- 북극곰 1.3m

<우뚝 솟은 나무들>

수컷 기린 키

- 레드우드, 일명 '히페리온' 116m — 미국 캘리포니아
- 더글라스소나무 100m — 미국 오리건
- 마운틴애시, 일명 '센추리온' 100m — 호주 태즈메이니아
- 캐리 73m — 포르투갈 바예데카나스

< 하늘을 찌를 듯이 높은 빌딩들 >

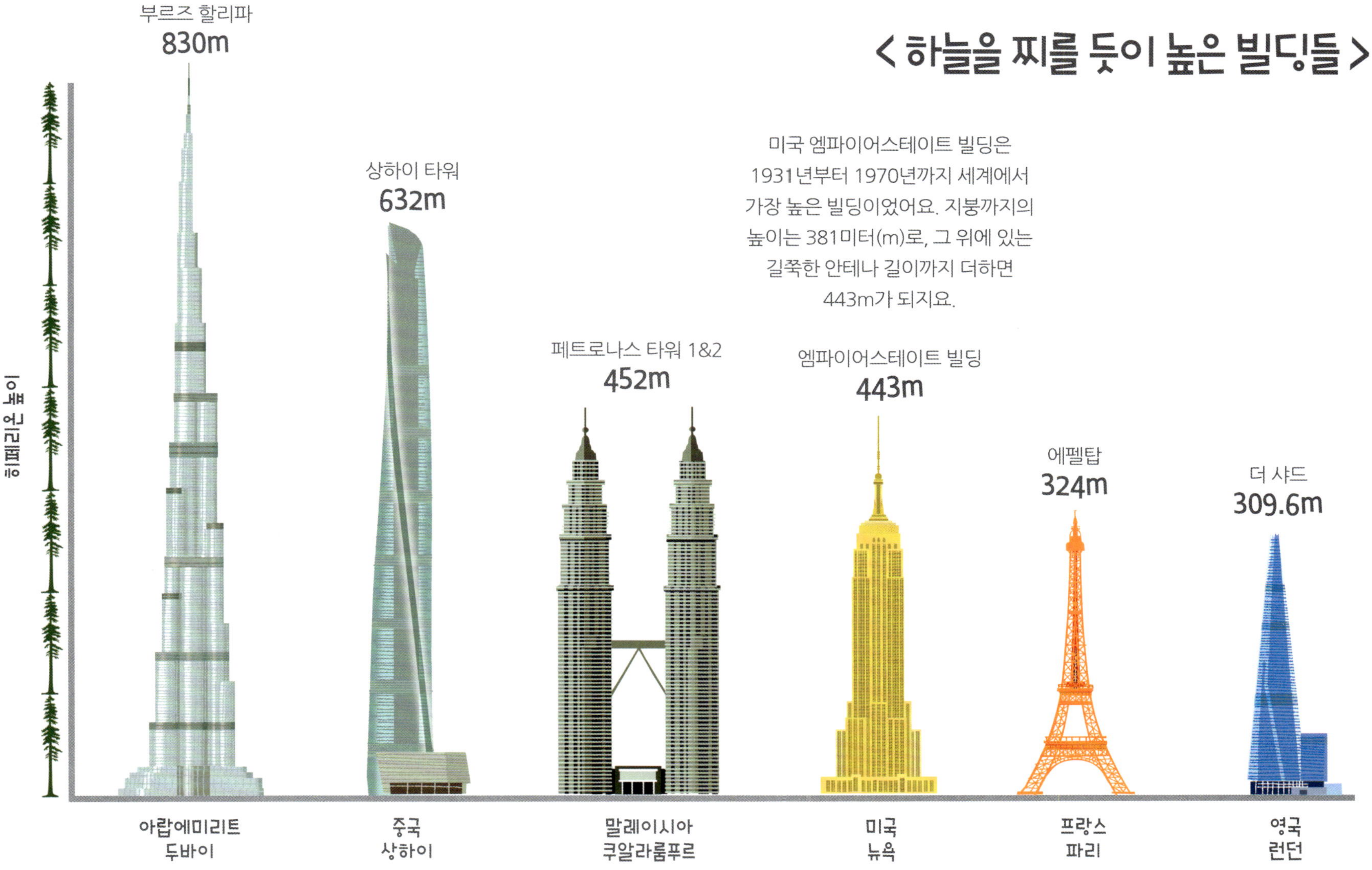

미국 엠파이어스테이트 빌딩은 1931년부터 1970년까지 세계에서 가장 높은 빌딩이었어요. 지붕까지의 높이는 381미터(m)로, 그 위에 있는 길쭉한 안테나 길이까지 더하면 443m가 되지요.

건물의 높이

- 부르즈 할리파 **830m** — 아랍에미리트 두바이
- 상하이 타워 **632m** — 중국 상하이
- 페트로나스 타워 1&2 **452m** — 말레이시아 쿠알라룸푸르
- 엠파이어스테이트 빌딩 **443m** — 미국 뉴욕
- 에펠탑 **324m** — 프랑스 파리
- 더 샤드 **309.6m** — 영국 런던

< 장엄한 산맥 >

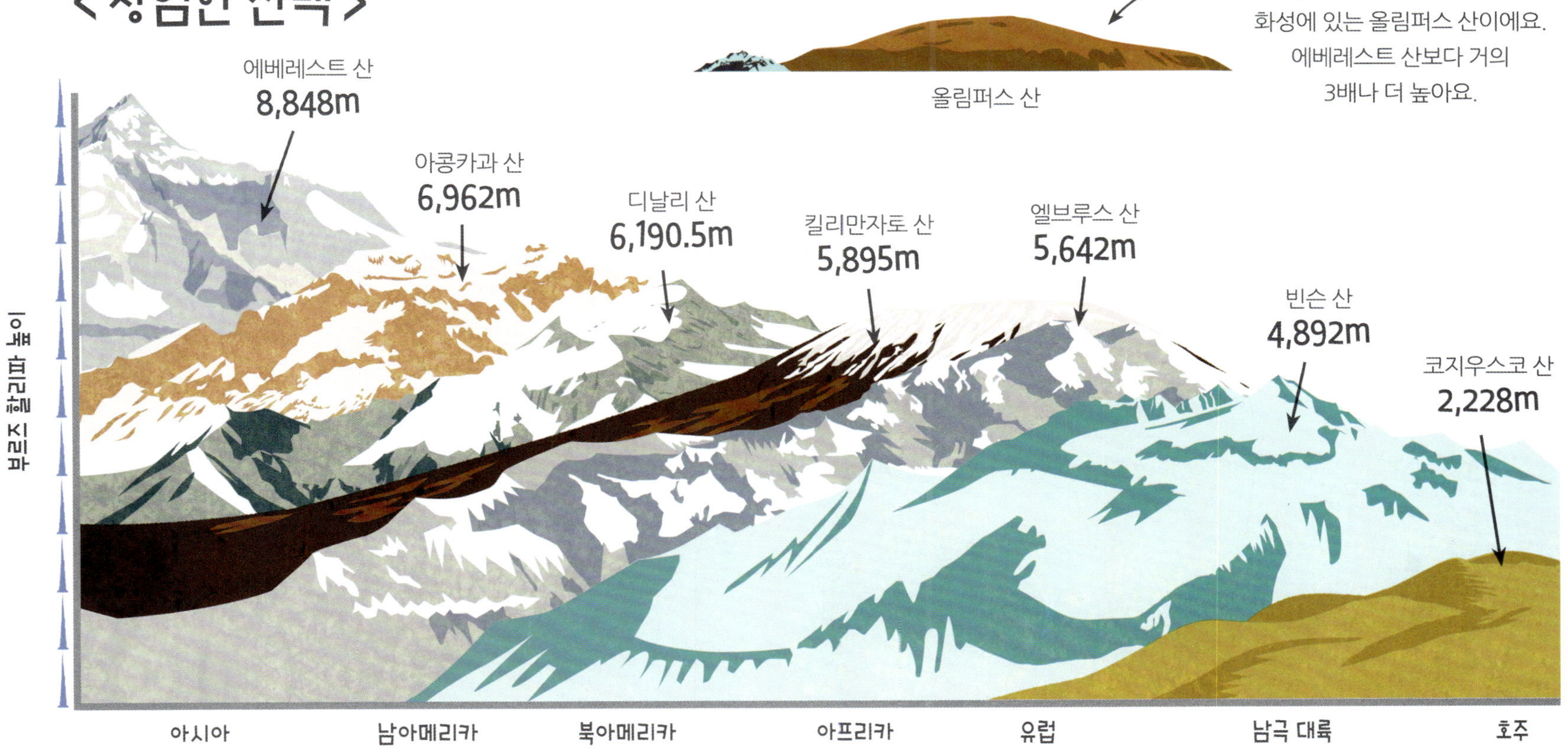

태양계에서 가장 높은 화산은 화성에 있는 올림퍼스 산이에요. 에베레스트 산보다 거의 3배나 더 높아요.

올림퍼스 산

산의 해발 높이

- 에베레스트 산 **8,848m** — 아시아
- 아콩카과 산 **6,962m** — 남아메리카
- 디날리 산 **6,190.5m** — 북아메리카
- 킬리만자로 산 **5,895m** — 아프리카
- 엘브루스 산 **5,642m** — 유럽
- 빈슨 산 **4,892m** — 남극 대륙
- 코지우스코 산 **2,228m** — 호주

25

하늘 위 괴짜들

우리가 상상하기도 힘들 만큼 높은 곳들이 있어요. 양옆의 킬로미터나 연필과 비교해서 얼마나 놀라운 높이인지 짐작해 보세요!

보통 연필 한 자루에는 **56킬로미터(km)**의 긴 흑연 그을 수 있는 연필심이 있어요. 에베레스트 산 높이의 **6배**보다 더 길어요!

2,106,163,157자루
2,023,157,895자루
613,589,473자루
2,289,473자루
198,158자루
184,437자루
110,668자루

가장 높이 올라간 사람
아폴로 13호 우주비행사
400,171km

달
384,400km

가장 높이 있는 지구관측위성
밸리2
116,582km

지구 둘레를 공전하는 우주정거장의 고도
국제우주정거장 (ISS)
300~435km

가장 높이 난 비행기
MIG-25 제트기
37.6km

가장 높이 올라간 열기구
21km

2005년 인도에서 띄운 열기구는 고도 21km까지 올라갔어요. 열기구 자체의 높이도 48미터(m)로, 받침대를 뺀 자유의 여신상 높이보다 2m나 높답니다.

가장 높이 올라간 종이비행기
스트라토스III
35km

헬륨 풍선에 매달아 최대한 높이 올린 다음 공중으로 날리자, 미끄러지듯이

고도
400,000km
300,000km
200,000km
100,000km
600km
400km
200km
50km
40km
30km
20km

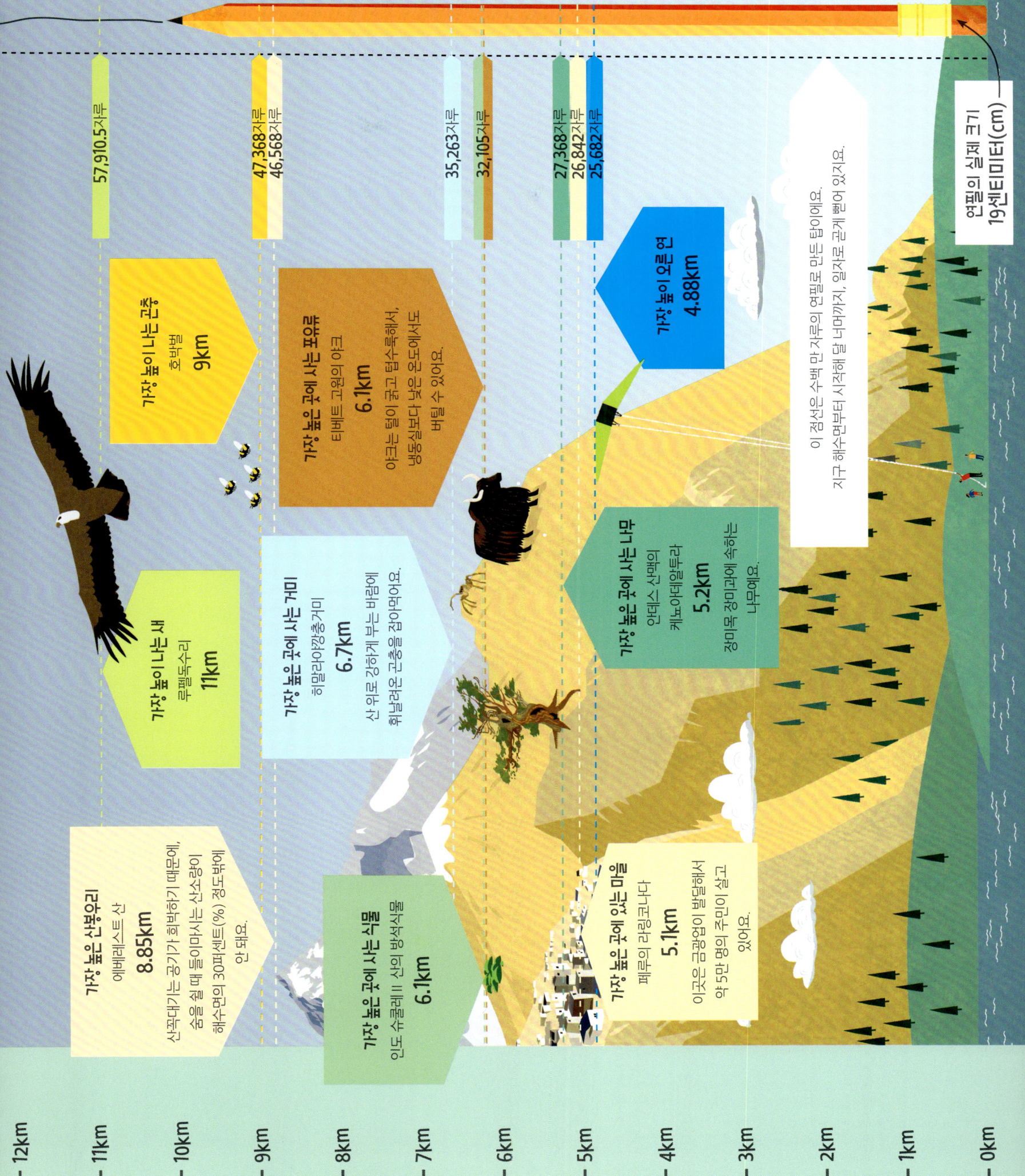

| 1,900m | 2,000m | 2,100m | 2,200m | 2,300m | 2,400m | 2,500m | 2,600m | 2,700m | 2,800m | 2,900m | 3,000m | 3,100m | 3,200m | 3,300m | 3,400m | 3,500m | 3,600m | 3,700m | 3,800m | 3,900m | 4,000m |

2,283m
남아프리카 음포넹 금광에는 세계에서 가장 깊이 내려가는 리프트가 있어요. 이 리프트는 120명을 시속 64킬로미터(km/h)로 실어 나를 수 있답니다.

가장 깊은 곳에 사는 박테리아 2,800m
음포넹 금광 깊숙이 디선푸르니스라는 박테리아의 한 종류가 살고 있어요. 길이가 겨우 0.004밀리미터(mm)라서, 2구비터를 실에 이어 붙이야 이 페이지의 두께 정도 됩니다.

가장 깊은 곳에 있는 광산 4,000m
세계에서 가장 깊은 광산 10개 중 8개는 남아프리카에 있어요. 그중에서도 타우토나 광산이 가장 깊은데, 엔데나블 엠파이어스테이트 빌딩 높이의 10.5배 정도나 되는 깊이랍니다.

가장 깊은 곳에 있는 동굴 2,197m
조지아에 있는 크루베라 동굴은 세계에서 가장 깊은 동굴이에요. 그곳에서 지하 1,980미터(m)에 사는 곤충인 독토기가 발견됐어요. 일반 에스컬레이터를 타고 이 깊이까지 간다면 아마 66분은 걸릴 거예요!

가장 깊은 곳에 사는 생물 3,600m
세계에서 가장 깊은 곳에 사는 생물은 남아프리카 금광에서 발견된 회충이에요. 이 회충의 길이는 겨우 0.5~0.56mm 정도라서, 소금 알갱이 2개보다도 작아요.

가장 깊은 곳에서 발견된 공룡 2,226m

세계에서 가장 깊은 곳에 있던 공룡 화석은 노르웨이에서 발견된 플라테오사우루스의 손가락 뼈예요. 우리 아파트 7층을 쌓아 올린 높이만큼 깊은 곳에 묻혀 있었어요.

아주 뜨거운 바위
광산의 깊숙한 곳은 온도가 매우 높아요. 땅속으로 깊이 들어갈수록 지구의 뜨거운 핵에 가까워지기 때문이지요. 그래서 몇몇 암석은 60도(℃)를 넘기도 해요. 지표면 온도의 2배 가까이 되고, 그 위에서 계란프라이를 할 수 있을 정도랍니다. 광산이 가장 깊숙한 곳의 온도를 식히려면, 매일 그레 42마리의 무게와 비슷한 5,400톤(t) 이상의 얼음이 필요해요.

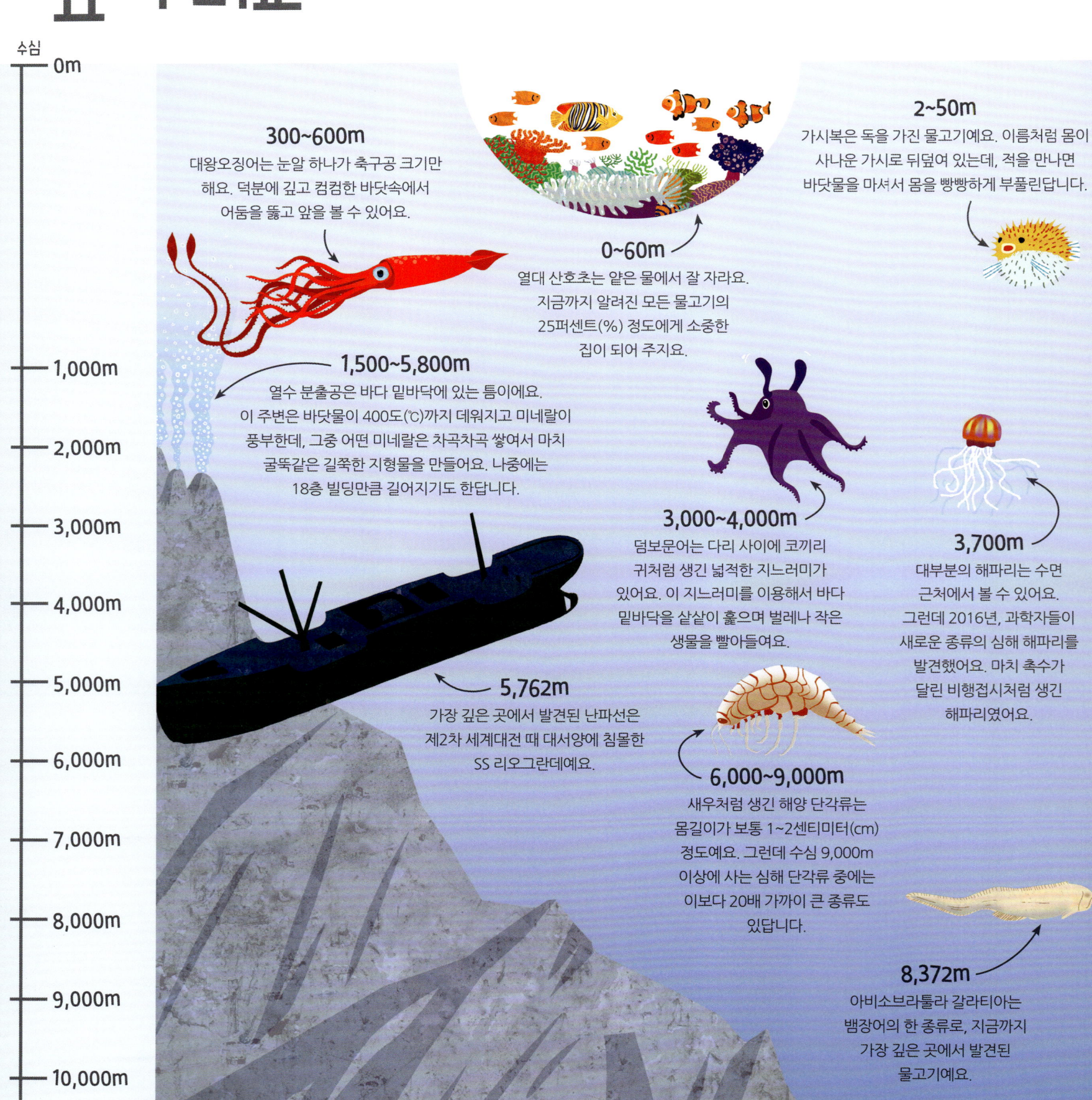

뛰어난 잠수부들

몇몇 동물들은 까마득히 깊은 곳까지 잠수할 수 있어요.

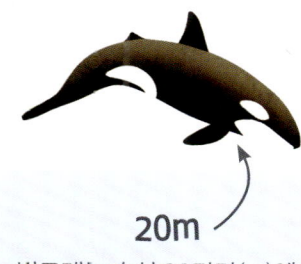

20m
범고래는 수심 20미터(m)에서 대부분의 시간을 보내요. 하지만 순식간에 수심 100m까지 내려갈 수 있어요.

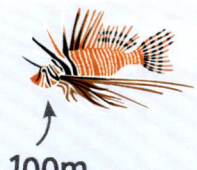

100m
쏠배감펭은 30분에 최대 20마리의 물고기를 먹어 치워요. 그러면 위가 평소보다 30배나 커지지요!

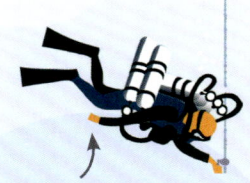

332.35m
2014년 이집트의 아흐메드 가브르가 스쿠버 다이빙 세계 신기록을 갱신했어요.

300~1,000m
랜턴피시는 몸속에 있는 광원의 화학반응으로 스스로 빛을 낼 수 있어요. 밤이 되면 수심 100m로 헤엄쳐 올라와서 밝은 빛으로 먹잇감을 유혹해 잡아먹는답니다.

400~2,000m
향고래는 바다에서 가장 큰 육식동물이에요. 주로 물고기, 오징어, 바다표범을 먹고, 때로는 먹이를 쫓아 수심 2,000m까지 잠수해요.

2,338m
남방코끼리물범은 엠파이어스테이트 빌딩 높이의 5배나 되는 깊이로 잠수할 수 있어요.

2,992m
민부리고래는 가장 깊이 잠수할 수 있는 포유류예요. 태평양의 수심 2,992m에서 무려 137분 30초 동안이나 잠수하는 모습이 포착됐답니다.

만약 **에베레스트 산**을 챌린저 해연에 옮겨 놓는다면, 산봉우리는 **수심 2,150m** 정도에 위치할 거예요.

그리고 그 위에 세계에서 가장 높은 빌딩인 부르즈 할리파 2채를 세우고 엠파이어스테이트 빌딩까지 얹어도, 물 밖에서 전혀 보이지 않을 거예요!

지금까지 수심 1만m 밑으로 내려간 사람은 단 **3명**밖에 없어요. 그중 가장 최근에 간 사람은 영화감독 제임스 카메론이에요. 그는 2012년 '딥씨챌린저호'를 타고 챌린저 해연의 **수심 10,908m** 이하 지점까지 도달했어요.

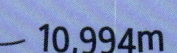

10,994m
태평양에 있는 챌린저 해연은 세계 모든 바다에서 수심이 가장 깊은 곳이에요.

최고 기온과 최저 기온 비교

지구의 온도는 참 다양해요. 어떤 곳은 펄펄 끓는 듯이 뜨겁고, 또 어떤 곳은 모든 것이 꽁꽁 얼어버릴 정도로 차갑지요. 각 대륙에서 가장 뜨겁고 차가운 온도를 찾아서 비교하고, 극한의 온도에서 사람과 동식물이 어떻게 적응하며 살아가고 있는지 살펴봐요.

대부분의 생명체는 몸이 얼어붙으면 죽어요. 하지만 송장개구리는 매우 특별해요. 겨울이 되어 기온이 **영하 10도(℃)** 밑으로 떨어지면 피가 얼고 심장이 멈췄다가, 신기하게도 봄이 찾아오면 다시 깨어난답니다!

하와이의 칼라우에아 화산이 폭발했을 때, 용암 온도는 **1,170℃**였어요. 지구 역사를 통틀어 가장 높은 기온으로 기록된 1913년 미국 캘리포니아 주 데스밸리의 기온보다 무려 **20배** 이상 뜨거운 온도였지요.

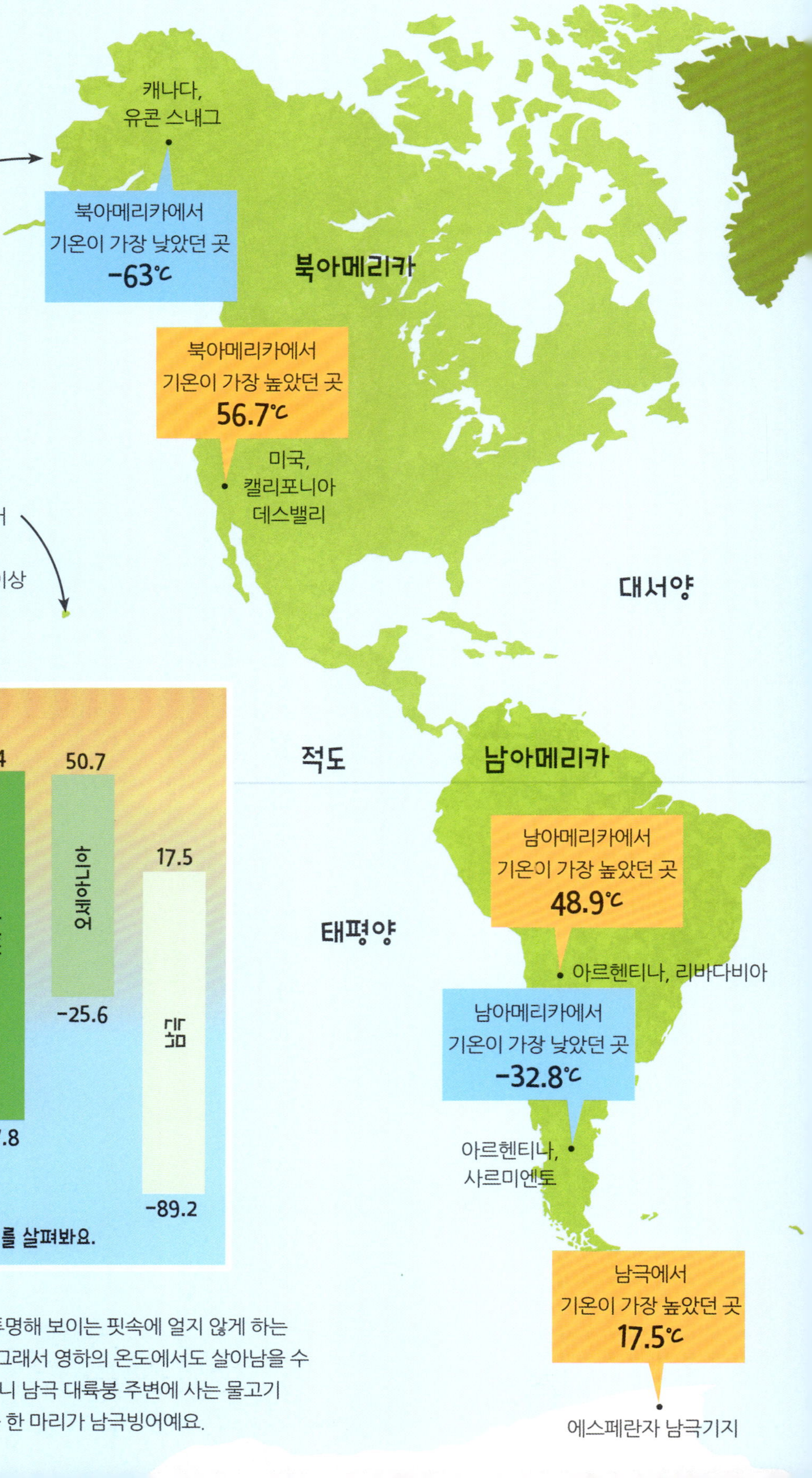

캐나다, 유콘 스내그
북아메리카에서 기온이 가장 낮았던 곳
-63℃

북아메리카

북아메리카에서 기온이 가장 높았던 곳
56.7℃

미국, 캘리포니아 데스밸리

대서양

적도

남아메리카

남아메리카에서 기온이 가장 높았던 곳
48.9℃

아르헨티나, 리바다비아

태평양

남아메리카에서 기온이 가장 낮았던 곳
-32.8℃

아르헨티나, 사르미엔토

남극에서 기온이 가장 높았던 곳
17.5℃

에스페란자 남극기지

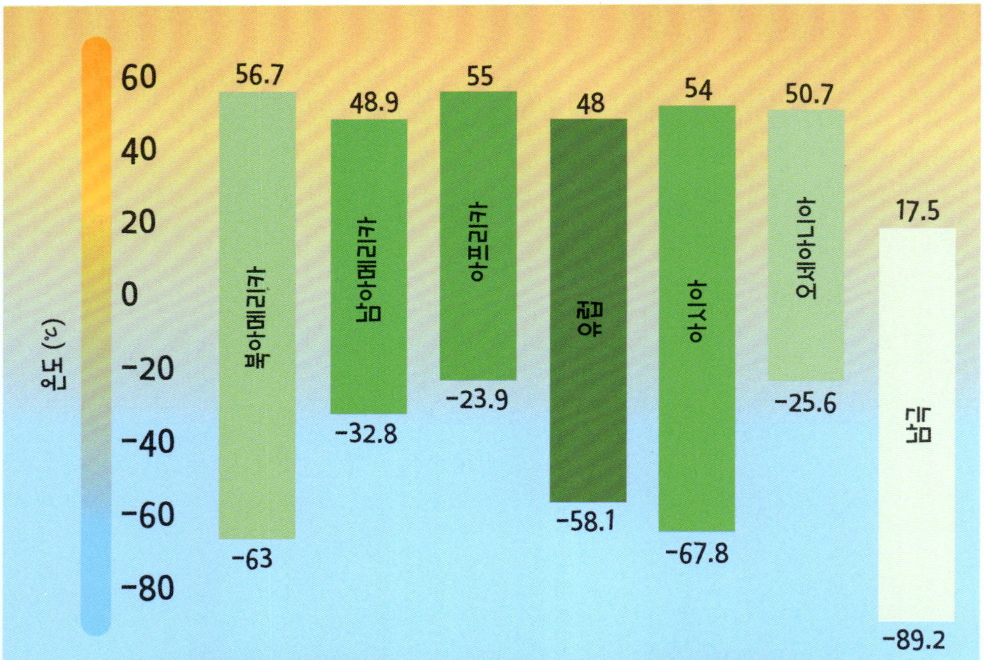

대륙별 최고 기온과 최저 기온

대륙	최고	최저
북아메리카	56.7	-63
남아메리카	48.9	-32.8
아프리카	55	-23.9
적도	48	-58.1
아시아	54	-67.8
유럽	50.7	-25.6
남극	17.5	-89.2

대륙별 최고 기온과 최저 기온을 통해, 각 대륙의 온도 범위를 살펴봐요.

남극빙어는 거의 투명해 보이는 핏속에 얼지 않게 하는 물질이 들어 있어요. 그래서 영하의 온도에서도 살아남을 수 있지요. 그렇다 보니 남극 대륙붕 주변에 사는 물고기 9마리 중 한 마리가 남극빙어예요.

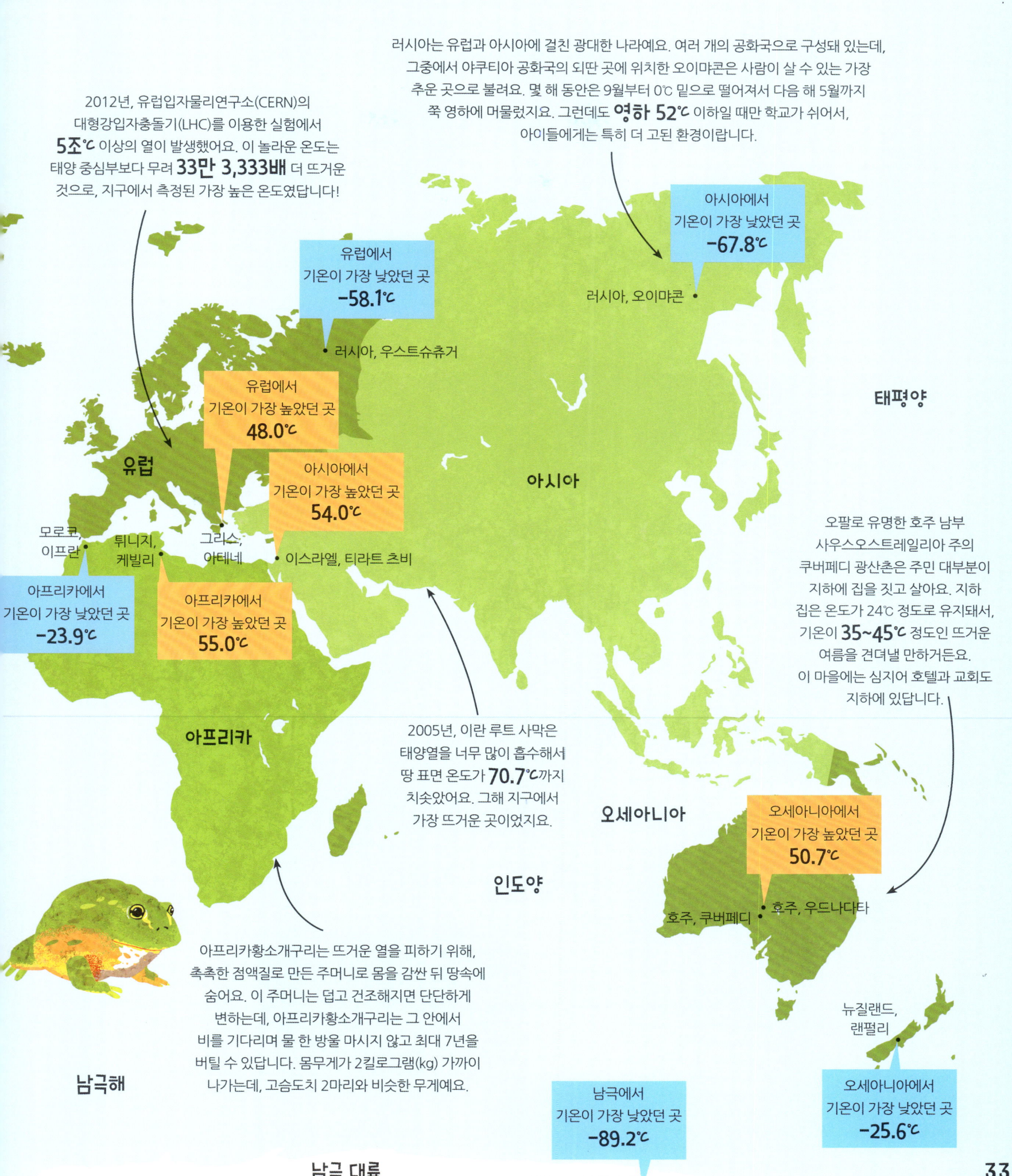

세상에서 가장 긴 것 비교

지구에는 우리가 상상하기도 어려울 만큼 기다란 것들이 있어요. 지금부터 자연적으로 생긴 것과 사람이 인공적으로 만든 구조물 중에서 아주 아주 긴 것들을 살펴봐요.

남아메리카의 **안데스 산맥**은 지구에서 가장 긴 산맥이에요.

무려 **7,000킬로미터(km)**나 되지요. 이 길이는 이탈리아 로마에서 미국 뉴욕까지의 거리와 비슷하답니다.

나일 강은 세계에서 가장 긴 강이에요. 북쪽에서 남쪽으로 아프리카 대륙을 가로질러⋯

6,695km를 흘러요.

이 거리는 미국 그랜드 캐니언 길이의 **15배** 정도이고, 마라톤 코스를 거의 **159번** 달리는 것과 비슷해요.

탕가니카 호
676km
아프리카 동쪽에 있는 이 호수는 세계에서 가장 긴 담수호예요.

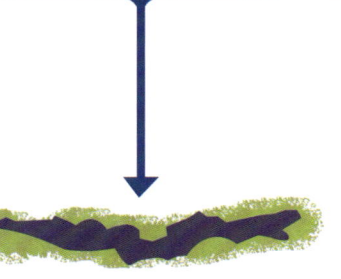

램버트 빙하
400km
남극의 램버트 빙하는 세계에서 가장 큰 빙하예요. 미국에서 가장 긴 알래스카의 베링 빙하보다 2배 이상 길어요.

매머드 동굴
651.78km
세계에서 가장 긴 동굴이에요. 미국 켄터키 주에 있는데, 내부가 아직 다 밝혀지지 않았기 때문에 사실은 얼마나 더 길지 알 수 없어요!

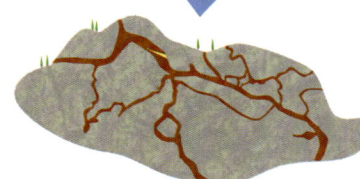

프라이아 도 카지노 해변
254km
브라질에 있는 세계에서 가장 긴 해변으로, 방글라데시의 콕스 바자르 해변보다 2배 정도 길어요.

얄룽창포 대협곡
504.6km
중국 티베트에 있는 세계 최대의 협곡이에요. 미국의 그랜드 캐니언보다 60km 정도 더 길어요.

케레파쿠파이 메루 폭포
979m
베네수엘라의 케레파쿠파이 메루 폭포는 세계에서 가장 높은 폭포예요. 천사라는 뜻의 앙헬 폭포라고도 불리는데, 무려 에펠탑의 3배에 달하는 높이에서 물이 거침없이 쏟아진답니다.

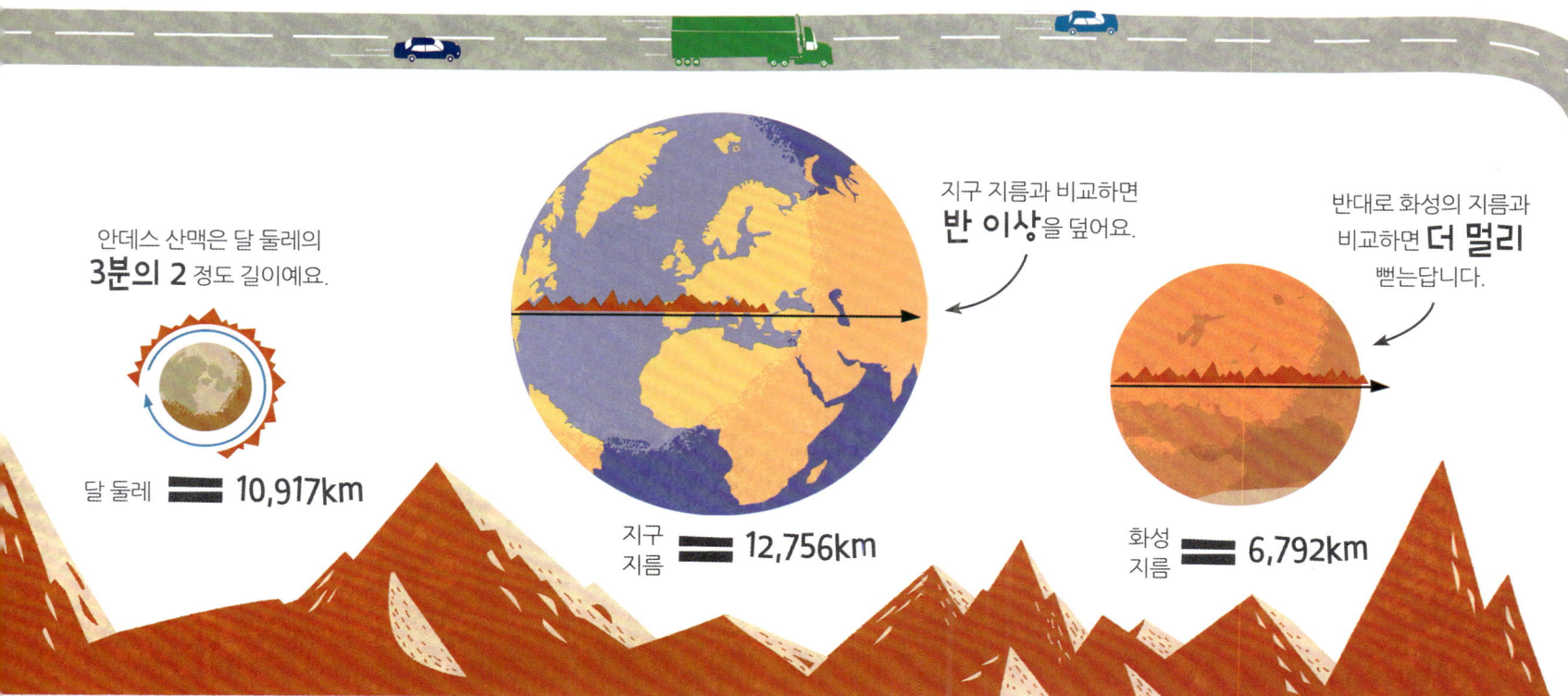

안데스 산맥은 달 둘레의 **3분의 2** 정도 길이예요.

달 둘레 ▬ 10,917km

지구 지름과 비교하면 **반 이상**을 덮어요.

지구 지름 ▬ 12,756km

반대로 화성의 지름과 비교하면 **더 멀리** 뻗는답니다.

화성 지름 ▬ 6,792km

기다란 구조물

세계적으로 아주 긴 구조물들의 공통된 특징이 있어요. 바로 사람들의 더욱 편리한 생활을 위해 만들어졌다는 거예요!

164.8km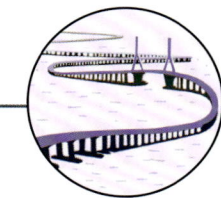
중국 단양-쿤산 대교
세계에서 가장 긴 다리예요. 그 위로 상하이와 난징을 연결하는 고속철도가 달려요.

170km
미국 델라웨어 송수로
뉴욕으로 물을 공급하는 길이에요. 이 송수로는 중국 광저우에 있는 세계에서 가장 긴 지하철 터널보다 2.5배 이상 길어요.

1,776km
중국 대운하
황허 강과 양쯔 강을 잇는 인공 수로예요. 무려 1,500년 전부터 건축이 시작됐어요.

9,289km
러시아 시베리아 횡단철도
모스크바에서 블라디보스토크를 가로지르는 세계에서 가장 긴 철도예요. 440개 이상의 다리와 39개 이상의 터널이 있지요.

48,000km
팬아메리칸하이웨이
미국 알래스카 주의 프루도 만에서 시작해 아르헨티나 최남단까지, 아메리카 대륙의 14개 국가를 가로지르는 도로예요.

이동하는 거리 비교

우리는 보통 짧은 일정으로 여행을 다녀와요. 그런데 동물들 중에는 우리와는 비교할 수 없을 만큼 아주 길고 굉장한 여행을 하는 친구들이 있답니다. 어떤 동물들인지 알아봐요.

대규모 이동

어떤 생물들은 겨울이 다가오면 커다란 무리를 지어서 머나먼 여행을 떠나요. 새끼를 낳기 위해 좀 더 따뜻하고 먹이가 풍부한 곳을 찾아가는 것이지요. 얼마나 멀리 여행하는지 살펴볼까요?

- 붉은멱벌새 **2,200km**
- 연어 최대 **3,800km**
- 왕나비 **4,000km**
- 순록 **4,800km**
- 혹등고래 **8,300km**
- 아델리펭귄 **13,000km**
- 작은멋쟁이나비 **15,000km**
- 된장잠자리 **18,000km**
- 장수거북 **20,500km**
- 북극제비갈매기 **71,000km**

× 1 ¾

지구 둘레를 한 바퀴 돌고도 4분의 3을 더 돌 만큼 엄청난 여행이에요!

그런데 작은멋쟁이나비는 여행을 끝까지 마치지 못해요. 긴 여정 동안 새로운 나비가 태어나고, 나이 든 나비는 죽음을 맞이하거든요. 15,000킬로미터(km)를 완주하는 데 **6세대**가 걸리기도 한답니다.

방랑자들의 또 다른 기록

자유로운 비행사

나그네알바트로스라는 이름은 이 새에게 정말 딱인 것 같아요. 단 한 번의 날갯짓으로 15,000km를 쉬익 날아갈 수 있거든요. 미국 텍사스 휴스턴에서 호주 퍼스로 이동하는 것과 같은 거리예요.

목숨을 건 대이동

크리스마스 섬은 매년 10월에서 12월이면 번식기를 맞아 숲에서 바닷가로 이동하는 홍게 4,000~5,000마리로 붉게 물들어요. 그래서 크리스마스 섬은 홍게를 위한 특별한 다리와 터널을 지어서, 홍게가 교통사고를 당하지 않고 무사히 도착할 수 있도록 보호하고 있답니다.

외바퀴 방랑자

2002년, 라즈 클로센은 외바퀴 자전거를 타고 14,686.82km를 여행했어요. 미국 서부 해안에서 동부 해안까지 왔다가 다시 돌아가는 코스로, 총 205일 동안 페달을 511만 8천 번 밟았답니다.

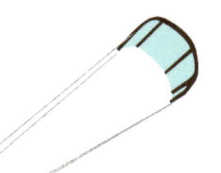

기나긴 여행
사람도 하늘로, 바다로, 산으로
장거리 여행을 떠나요.

4,800km
'윈드 익스플로러'는 풍력자동차로, 바람의 힘을 이용해
알바니에서 시드니까지 호주 대륙을 횡단했어요.

10,267km
러시아 모스크바에서 출발해 북한의 평양까지 가는
기차 여행은 최대 207시간이 걸려요.

12,501km
뗏목 배 'RTE 노르'는 2002년부터 2003년까지 단 한 번도 멈추지 않고
항해해 태평양을 횡단하는 데 성공했어요. 136일이 걸렸지요.

14,534km
지금까지 세계에서 가장 긴 직항 노선은 뉴질랜드 오클랜드와
카타르 도하를 잇는 노선이에요. 18시간 20분이나 걸린답니다.

30,608km
아직까지 깨지지 않은 장거리 도보 여행 기록은 아르헨티나 최남단
티에라델푸에고에서 출발해 미국 알래스카 프루도 만에 도착한 기록이에요.

57,085km
군 잠수함 'HMS 워스파이트'는 가장 오랜 시간 동안 해저를 여행한 잠수함이에요.
1982년에서 1983년에 걸쳐 무려 111일 동안 대서양 남쪽 해안을 순찰했어요.

러시아 우주비행사 발레리 폴랴코트는 우주에서
최장기간 연속 체류 기록을 세운 인물이에요.
1994년부터 1995년까지, 지구 둘레를 공전하는
우주정거장 미르에서 **437**일하고도 **18**시간을 보냈지요.
이 기간 동안 미르는 지구 둘레를 **7,075번** 돌았는데,
이 거리를 계산해 보면 지구에서 태양 사이를
왕복하는 것보다 훨씬 먼
3억 76만 5,472km나 돼요.

아프리카의 긴 여행
아프리카에서는 매년 수천 마리의 동물들이
세렝게티 평원에서 케냐의 마사이 마라,
그리고 탄자니아를 통과해 이동해요.
신선한 풀이 많은 곳을 찾아 돌아다니다가
다시 원래 살던 곳으로 돌아가는 거리는
총 **1,600km**나 된답니다.
이 대규모 이동에는 20만 마리 이상의
얼룩말과 30만 마리 이상의 톰슨가젤,
그리고 약 140만 마리의 누가 함께 해요.

만약 대규모 이동에 참여하는 모든
얼룩말이 서로의 등에 올라선다면,
높이가 **26만 미터(m)**나 되는
탑을 만들 수 있어요. 에베레스트 산의
29배 가까이 되는 높이이지요.

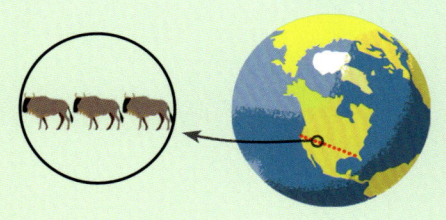

또 누 떼가 일렬로 쭉 늘어선다면, 그 길이는
무려 **3,360km**나 될 거예요. 캘리포니아
샌디에이고에서 플로리다 잭슨빌 비치까지,
미국을 가로지르기에 충분한 길이랍니다.

집으로 가는 길
1923년, 브레이지어 가족은 인디아나 주
월코트로 떠난 여행에서 애완견 바비를
잃어버렸어요. 가족은 바비를 찾지 못하고
집으로 돌아와야 했는데, 6개월 뒤 바비가 나타났어요!
어떻게 된 영문인지는 모르겠지만, 집이 있는 오리건 주
실버턴까지 약 **4,250km**나 되는 길을 찾아온 거예요.

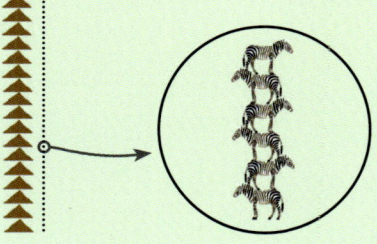

물고기 인간의 도전!
2007년, 슬로베니아인 마틴 스트렐은 아마존 강을
따라 **5,265km**나 수영을 했어요. 악어, 아나콘다,
피라냐가 오가는 위험천만한 곳에서 66일 동안
기진맥진할 때까지 헤엄을 쳤지요. 그가 헤엄친 거리는
미국 뉴욕에서 아일랜드 더블린까지의 거리보다
150km가량이나 더 멀었답니다.

태양계 행성 크기 비교

지구는 태양으로부터 세 번째 떨어져 있는 행성이며, 태양계의 8개 행성 중 하나예요. 태양계는 커다란 우주에서 아주 작은 부분에 불과하답니다.

목성은 태양계에서 가장 큰 행성이에요. 얼마나 큰지, 목성 안에 지구가 **1,300개** 이상 들어갈 수 있답니다. 더 쉽게 이야기해 볼까요? 만약 목성의 크기가 지름 25센티미터(cm)인 수박과 같다면, 지구는 지름 2cm인 방울토마토라고 볼 수 있어요. 그리고 달은 옥수수 낱알 정도밖에 안 되지요.

목성 : 수박
지름 **142,984km**

토성 : 큰 자몽
지름 **120,536km**

해왕성 : 사과
지름 **49,528km**

명왕성은 지름이 2,370킬로미터(km)밖에 안 돼서 '난쟁이 행성'이라고도 불려요. 후추 알갱이에 대입할 수 있지요.

수성 : 블루베리
지름 **4,879km**

천왕성 : 중간 크기의 오렌지
지름 **51,118km**

금성 : 방울토마토
지름 **12,104km**

지구 : 방울토마토
지름 **12,756km**

화성 : 블루베리
지름 **6,792km**

행성 표면의 평균 온도

금성	수성	지구	화성	목성	토성	천왕성	해왕성
464℃	167℃	15℃	-65℃	-110℃	-140℃	-195℃	-200℃

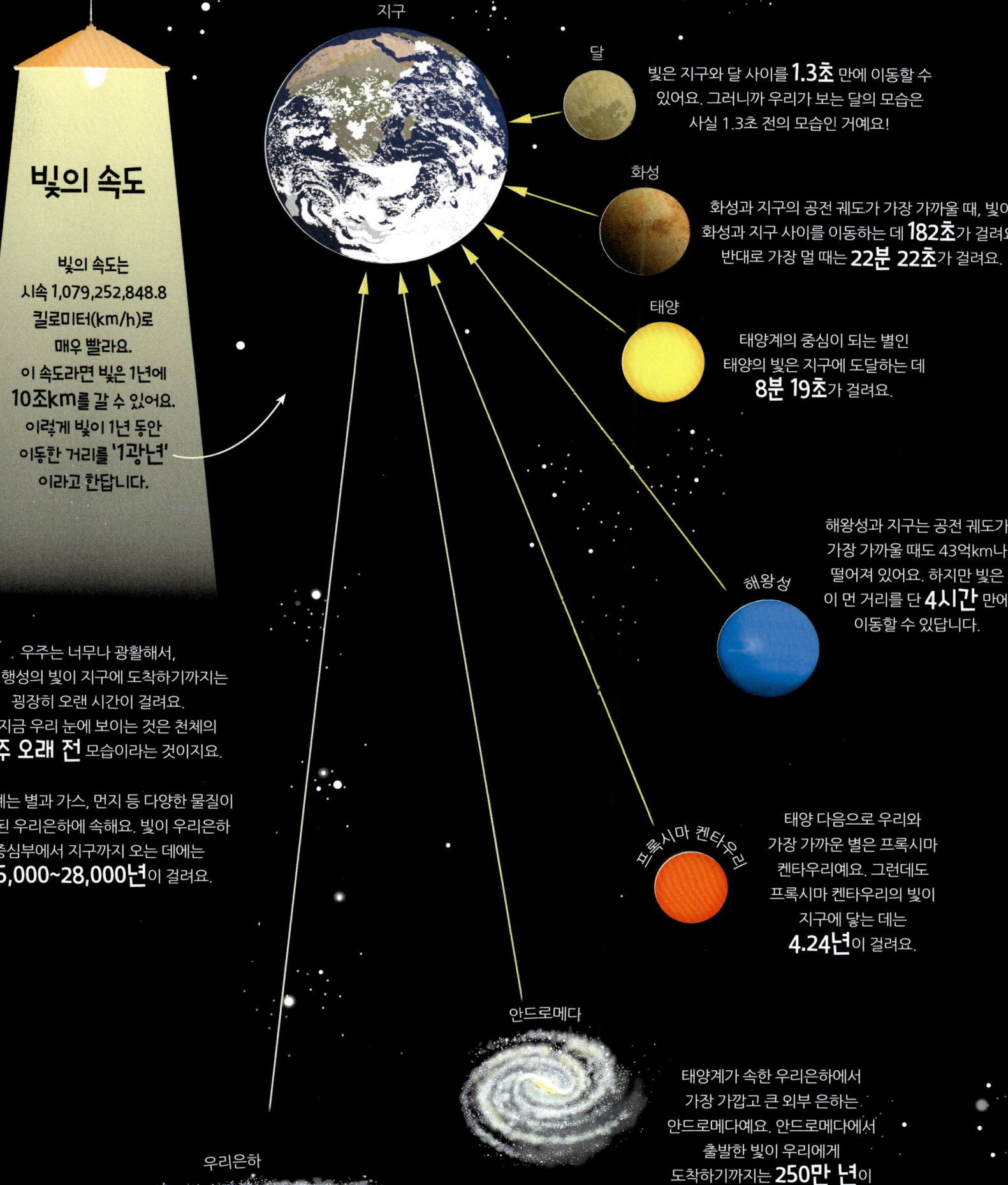

빛의 속도

빛의 속도는 시속 1,079,252,848.8 킬로미터(km/h)로 매우 빨라요. 이 속도라면 빛은 1년에 10조km를 갈 수 있어요. 이렇게 빛이 1년 동안 이동한 거리를 '1광년'이라고 한답니다.

우주는 너무나 광활해서, 별과 행성의 빛이 지구에 도착하기까지는 굉장히 오랜 시간이 걸려요. 즉 지금 우리 눈에 보이는 것은 천체의 **아주 오래 전** 모습이라는 것이지요.

태양계는 별과 가스, 먼지 등 다양한 물질이 집합된 우리은하에 속해요. 빛이 우리은하 중심부에서 지구까지 오는 데에는 **25,000~28,000년**이 걸려요.

지구

달 — 빛은 지구와 달 사이를 **1.3초** 만에 이동할 수 있어요. 그러니까 우리가 보는 달의 모습은 사실 1.3초 전의 모습인 거예요!

화성 — 화성과 지구의 공전 궤도가 가장 가까울 때, 빛이 화성과 지구 사이를 이동하는 데 **182초**가 걸려요. 반대로 가장 멀 때는 **22분 22초**가 걸려요.

태양 — 태양계의 중심이 되는 별인 태양의 빛은 지구에 도달하는 데 **8분 19초**가 걸려요.

해왕성 — 해왕성과 지구는 공전 궤도가 가장 가까울 때도 43억km나 떨어져 있어요. 하지만 빛은 이 먼 거리를 단 **4시간** 만에 이동할 수 있답니다.

프록시마 켄타우리 — 태양 다음으로 우리와 가장 가까운 별은 프록시마 켄타우리예요. 그런데도 프록시마 켄타우리의 빛이 지구에 닿는 데는 **4.24년**이 걸려요.

안드로메다 — 태양계가 속한 우리은하에서 가장 가깝고 큰 외부 은하는 안드로메다예요. 안드로메다에서 출발한 빛이 우리에게 도착하기까지는 **250만 년**이 걸린답니다.

우리은하 — 우린 여기에 있어요!

39

태양계 너머 크기 비교

우리에게 지구는 넓고 커다란 세상이에요. 하지만 아득히 넓고 큰 우주 안에서 보면 아주 작디작은 행성일 뿐이랍니다. 지구와 태양계에서 시작해 우주 속 여러 가지 크기를 비교하면서, 광활한 우주를 탐험해 봐요.

태양계는 **초속 230킬로미터(km/s)**로 우리은하 둘레를 공전해요.

만약 우리가 이 속도로 여행할 수 있다면, **2분 54초** 만에 지구를 한 바퀴 돌고 제자리로 돌아올 수 있어요!

그런데 이렇게 빠른 속도로 여행해도 태양계가 우리은하 둘레를 한 바퀴 돌려면 **2억 3천만 년**이라는 어마어마한 시간이 걸린답니다.

국부은하군
지름 **천만 광년**

우리은하
지름 **10만 광년**

태양계
지름 **299억km** (0.0032광년)

지구
지름 **12,756km**

지구 **2,343,995개**를 나란히 놓으면 태양계의 지름과 길이가 거의 같아져요. 그런데 사실 태양계의 끝이 어디인지는 정확히 알 수 없어요. 다만 미국항공우주국(NASA)에서는 태양에서 불어오는 입자들로 구성된 '태양풍'이 닿는 범위를 태양계로 보고 있어요. 태양풍이 닿는 범위는 지구와 태양 사이 거리의 약 100배에 이르러요.

태양계 **3164만 개**를 나란히 놓으면 우리은하의 지름과 길이가 비슷해져요.

성단은 별들이 모여 있는 무리를 말해요. 우리은하는 국부은하군이라고 불리는 성단에 속해요. 우리은하 **100개**를 나란히 놓으면 국부은하군의 지름과 거의 같아져요.

국부은하군은 라니아케아 초은하단이라고 불리는 커다란 은하 집단의 한 부분이에요. 국부은하군 **52개**를 나란히 놓으면 라니아케아 초은하단의 지름과 거의 같아져요.

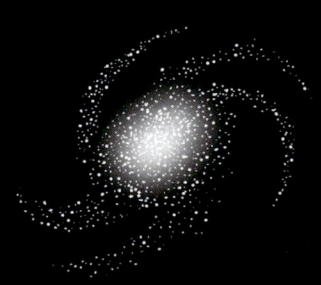

잠깐, 이게 전부는 아니에요.
아직 우리에게 빛이 다다르지 않았기 때문에
우리가 알지 못하는 것들이 훨씬 더 많을 수도
있으니까요. 어쩌면 아직 우리가 관측하지 못한
우주는 우리가 아는 우주보다
몇 배나 더 클지도 몰라요.

현재까지 관측 가능한 우주
지름 930억 광년

라니아케아 초은하단
지름 5억 2천만 광년

라니아케아 초은하단 **179개**를 나란히 놓으면
우리가 관측할 수 있는 우주의 지름과 거의 같아져요.
이것이 우리가 볼 수 있는 우주의 한계랍니다.

중력의 크기 비교

중력은 물체를 서로 끌어당기는 보이지 않는 힘이에요.
질량이 큰 물체일수록 더 큰 중력을 가지고 있지요.
예를 들어 태양은 태양계의 모든 행성이 자기 주위를
계속해서 빙글빙글 돌게 할 만큼 커다란 중력을 가졌답니다.

아래로!

별이나 행성의 중력은 물체를 그 중심부 쪽으로 끌어당겨요. 우리가 무언가를 들고 있다가 공중에서 놓았을 때 땅으로 떨어지는 것이 바로 중력 때문이지요.

지구에서 물체를 떨어뜨리면 10초 만에 490.33미터(m) 아래로 떨어져요. 그럼 달이나 화성 같은 다른 천체에서 물체를 떨어뜨리면 10초 만에 몇 미터나 떨어질까요? 중력이 큰 곳일수록 더 많이 떨어질 거예요!

지구 490.33m
달 81.1m
화성 186.1m

위로!

별이나 행성의 중력은 물체가 지표면에서 얼마나 높이 올라갈 수 있는지에도 영향을 미친답니다.

만약 여러분이 높이뛰기 대회 챔피언이라면 각 천체에서 얼마나 높이 뛸 수 있을까요? 당연히 중력이 적은 곳일수록 더 높이 올라갈 수 있을 거예요!

지구에서는 **2m** 정도 뛰어오를 수 있을 거예요.

달의 중력은 지구의 **16퍼센트(%)** 정도라서 **12m**가량 뛰어오를 수 있어요.

화성의 중력은 지구의 **37%** 정도라서 **5.3m**쯤 뛰어오를 수 있어요.

'무게'는 2개의 특정한 물체 사이에 발생하는 중력의 힘을 측정한 거예요. 즉 우리 몸무게는 지구와 우리가 서로 당기는 힘의 값이지요.

우주에서는 별이나 행성에 따라 중력이 각기 달라요. 따라서 우리 몸무게도 지구에서와는 전혀 달라진답니다. 원래 몸무게가 45킬로그램(kg)이라면 다른 천체에서는 어떻게 변할까요? (소수점 둘째자리에서 반올림함)

달
7.5kg

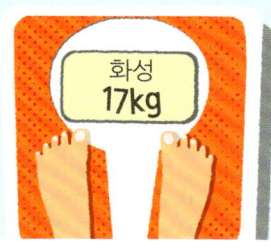
화성
17kg

목성
108kg

토성
48.5kg

태양
1,260kg

목성　　　　토성　　　　명왕성　　　　태양

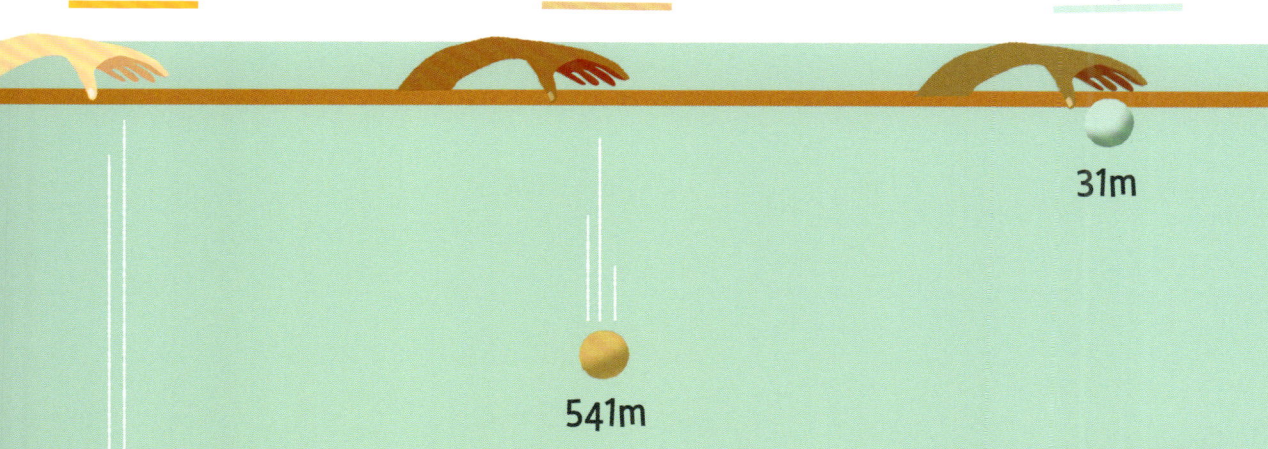

31m

541m

1,176m

명왕성의 중력은 지구의 **6%**밖에 안 돼요. 그래서 무려 **31.7m**까지 펄쩍 뛰어오를 수 있답니다!

목성의 중력은 지구의 **236%**나 돼요. 그래서 아무리 높이 뛰어도 **0.83m**밖에 올라가지 못할 거예요.

토성의 중력은 지구의 **107%**로 지구와 거의 비슷해요. 그래서 **1.9m** 정도 뛸 수 있을 거예요.

13,720m

태양에서는 우리가 아무리 애를 써도 **7.16cm**밖에 못 뛸 거예요. 태양의 중력은 지구의 **2,798%**로, 약 **28배**나 크거든요!

커다란 무척추동물의 크기 비교

나비나 파리 같은 곤충을 포함한 무척추동물들은 대부분 크기가 작아요.
하지만 여기 실제 크기로 그려진 몇몇 종처럼
놀라운 크기로 자라는 동물들도 있답니다!

알렉산드라비단제비나비
세상에서 가장 큰 나비예요.
특히 암컷은 양 날개를 쫙 편 길이가
최대 **30센티미터(cm)**나 돼요.

날개 하나의 폭이 어린이의 손 길이만큼 해요.

반대로 세상에서 가장 작은 나비인
시나이바톤블루는 양 날개를 쫙 편
길이가 **1cm**밖에 안 돼요.

프리재니스트리아 차이넨스 자오
세상에서 가장 긴 곤충은 중국에서 발견된 대벌레의 한 종류인
프리재니스트리아 차이넨스 자오예요.
몸통 길이는 **36.5cm** 정도이지만 앞다리와 뒷다리를
쫙 편 길이가 무려 **62.4cm**로…

멋쟁이나비 **8마리**가
날개를 쫙 펼친 채 줄지어
앉아 있는 것만큼 길어요.

X 8

아프리카대왕달팽이
길이가 **39.3cm**나 되는 세상에서 가장 큰 달팽이예요. 무게는 **900그램(g)** 정도로, 정원달팽이 **90마리**를 합친 것보다 무거워요.

껍데기도 커다래서, 열두 살 어린이의 신발을 앞뒤로 한 짝씩 이어 놓은 길이와 얼추 비슷하답니다.

골리앗새잡이거미
골리앗새잡이거미는 양쪽으로 쫙 편 다리 길이가 **28cm**로, 커다란 접시 지름만 해요. 무게는 최대 **170g**까지 나가는데, 호리호리한 검정과부거미 **170마리**를 합한 것보다 무거워요.

작은 동물의 크기 비교

우리는 보통 세상에서 가장 큰 것, 가장 빠른 것, 가장 센 것에만 관심을 가져요. 하지만 그 반대편에도 매우 흥미로운 세계가 있답니다. 여기 실제 크기로 그려진 작은 동물들을 보세요!

피그미쥐여우원숭이
이 자그마한 동물은 몸통이 최대 **6.1센티미터(cm)**까지 자라요. 중간 크기 귤과는 비슷하고, 보통의 사과보다는 작은 크기이지요.

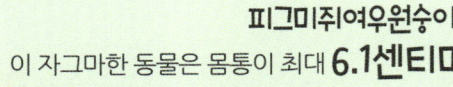

그런데 꼬리는 최대 **13.6cm**나 돼요. 몸통보다 무려 **2배** 이상 긴 길이랍니다.

이 작은 여우원숭이의 몸무게는 약 **30~40그램(g)**으로…

골프공보다도 조금 가벼운 무게예요.

쇠주머니쥐
이 작은 유대류의 머리부터 몸통까지의 길이는 겨우 **5~6.5cm** 정도예요. 그래서 그림처럼 한 마리 위에 다른 한 마리가 올라앉아도 찻숟가락 길이보다 짧답니다!

몸무게는 **6~8g**으로, 각설탕 **2개**와 무게가 비슷해요.

난쟁이랜턴상어
난쟁이랜턴상어 수컷은 다 자란 길이가 겨우 **16cm** 정도예요. 연필보다도 짧은 길이이지요.
그런데 이중에 머리 길이가 약 **4분의 1**을 차지해요. 위턱과 아래턱에는 아주 작은 이빨이 30개씩 줄지어 나 있답니다.

눈에 보이지 않는 크기 비교

여러분도 알다시피 쌀이나 소금 한 알의 크기는 매우 작아요. 그런데 현미경을 통해 보는 순간, 새로운 세상이 펼쳐진답니다. 소금 알갱이보다 작은 것들이 엄청 커다랗게 보이거든요!

광학 현미경
광학렌즈와 빛을 이용하는 광학 현미경을 사용하면 작은 것들을 크게 키워서 볼 수 있어요. 성능이 가장 뛰어난 광학 현미경은 물체를 **1,000배** 이상 확대해 보여준답니다.

6센티미터(cm) 길이의 손가락을 **1,000배**로 확대하면, 피사의 사탑보다 큰 **60미터(m)**의 거대한 기둥처럼 보일 거예요.

아래에 있는 아몬드와 쌀알, 소금 알갱이는 모두 **실제 크기**예요.

보통 껍데기를 벗긴 아몬드 길이는 **21밀리미터(mm)**로…

6mm 길이의 쌀알보다 **3.5배** 이상 커요. 그리고 쌀알은…

0.3mm 길이의 소금 알갱이보다 **20배** 이상 커요.

전자 현미경
엄청나게 작은 것들은 전자 현미경을 통해 볼 수 있어요. 전자 현미경은 빛 대신 전자빔을 이용해서, 물체를 실제 크기의 **100만~200만 배**까지 확대해서 보여줘요.

기생말벌 수컷
0.14mm

그런데 세상에서 가장 작은 곤충인 기생말벌 수컷은 소금 알갱이 길이의 **2분의 1**밖에 안 돼요. 기생말벌 수컷 **150마리**를 한 줄로 세우면 아몬드 길이와 같아진답니다.

사람의 피부 세포
30마이크로미터(㎛)

사람의 피부 세포는 기생말벌 수컷의 약 **5분의 1** 정도로 작아요. 이렇게 작은 세포가 수십억 개나 모여서 우리 몸을 감싸는 널따란 피부를 이뤄요.

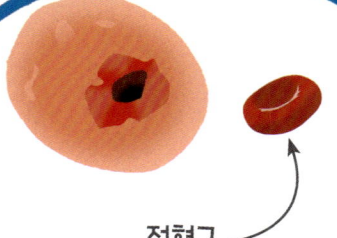

적혈구
7.5㎛

적혈구는 피부 세포보다 길이가 한참 더 작아요. 피부 세포의 **4분의 1**로, 적혈구 **11개**를 나란히 세우면 우리 머리카락 한 가닥의 지름과 비슷해져요.

아주 작은 단위들
1mm = 1,000마이크로미터(㎛)
1㎛ = 1,000나노미터(nm)
1nm = 10억분의 1m

일정한 비율로 확대시키기

우리 주변에서 쉽게 볼 수 있는 물건과 비교해보면 어떨까요?
골프공은 지름이 **4.27cm**인데, 이건 **42,700,000nm**와 같아요.

← 실제 크기

골프공은 적혈구보다 약 **5,693배** 더 커요. 만약 적혈구를 골프공 크기로 확대시키고, 골프공을 같은 비율로 확대시키면…

골프공은 지름이 **243m** 정도 될 거예요. 에펠탑 높이의 **4분의 3**과 같은 길이지요.

골프공은 독감바이러스보다 **42만 7,000배** 더 커요. 만약 독감바이러스를 골프공 크기로 확대시키고, 골프공을 같은 비율로 확대시키면…

골프공은 지름이 **18,233m** 정도 될 거예요. 에베레스트 산 높이의 **2배**를 훌쩍 넘는 길이예요.

그리고 구리 원자를 골프공 크기로 확대시키고, 골프공을 또 같은 비율로 확대시키면…

골프공 지름은 **7,293km**로 화성보다도 클 거예요!

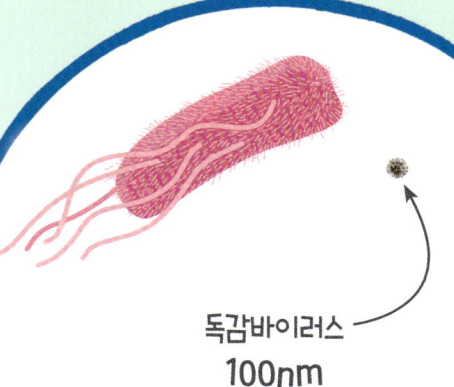

독감바이러스
100nm

독감바이러스는 장티푸스균의 **25분의 1** 길이예요.

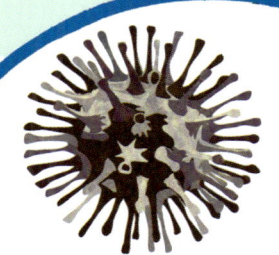

DNA
2.5nm

사람의 DNA 한 가닥의 폭은 독감바이러스 길이의 **40분의 1**이에요. DNA는 생물체의 생김새와 행동에 관한 모든 정보를 담고 있는 유전 물질이에요.

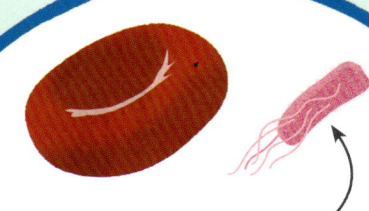

장티푸스균
2,500나노미터(nm)

보통의 장티푸스균은 적혈구의 대략 **3분의 1** 길이예요. 이름처럼 열과 복통을 동반한 전염병 장티푸스를 일으키는 균이지요.

구리 원자
0.25nm

화학원소 구리를 이루는 아주 미세한 원자 **10개**를 옆으로 나란히 놓으면, DNA 사슬 한 가닥의 폭과 같아져요. 그리고 구리 원자 **40만 개**를 나란히 놓으면 이 페이지의 두께와 같아진답니다.

몸무게 퀴즈

대왕고래의 몸무게는 얼마나 될까요? 여러 동물들의 몸무게를 이용해서 대왕고래의 몸무게를 계산해 봐요!

사랑앵무
35g

사랑앵무 X 대략 7

흰동가리
250g

북극토끼
5kg

고슴도치 X 5

고슴도치
1kg

흰동가리 X 4

북극토끼 X 9

에뮤
45kg

에뮤 X 6

흰얼룩말
270kg

아프리카코끼리
5,500kg

검은코뿔소 X 5

검은코뿔소
1,100kg

얼룩말 X 대략 4

아프리카코끼리 X 5

혹등고래
27,500kg

혹등고래 X 5

큰 하마
4,500kg

큰 대왕고래 성체
142,000kg

대왕고래의 모든 것 비교

여러분은 '커다란 동물' 하면 무엇이 떠오르나요? 아마 무엇을 떠올리든지 대왕고래보다 더 크지는 않을 거예요. 대왕고래는 정말 커요. 길이가 최대 29.9미터(m)로, 제트 여객기 보잉 737-100과 비슷하답니다!

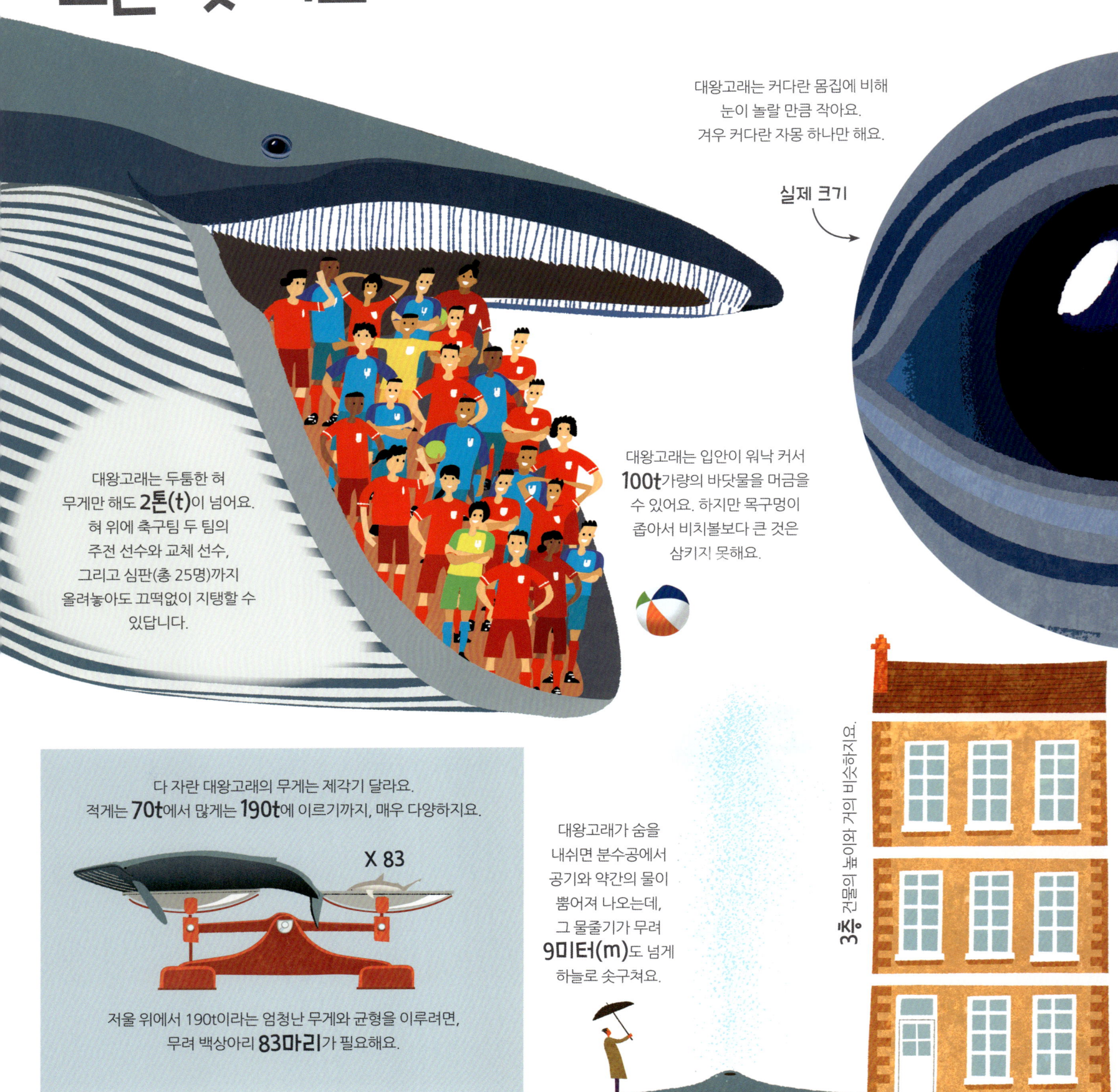

대왕고래는 커다란 몸집에 비해 눈이 놀랄 만큼 작아요. 겨우 커다란 자몽 하나만 해요.

실제 크기

대왕고래는 두툼한 혀 무게만 해도 **2톤(t)**이 넘어요. 혀 위에 축구팀 두 팀의 주전 선수와 교체 선수, 그리고 심판(총 25명)까지 올려놓아도 끄떡없이 지탱할 수 있답니다.

대왕고래는 입안이 워낙 커서 **100t**가량의 바닷물을 머금을 수 있어요. 하지만 목구멍이 좁아서 비치볼보다 큰 것은 삼키지 못해요.

다 자란 대왕고래의 무게는 제각기 달라요. 적게는 **70t**에서 많게는 **190t**에 이르기까지, 매우 다양하지요.

X 83

저울 위에서 190t이라는 엄청난 무게와 균형을 이루려면, 무려 백상아리 **83마리**가 필요해요.

대왕고래가 숨을 내쉬면 분수공에서 공기와 약간의 물이 뿜어져 나오는데, 그 물줄기가 무려 **9미터(m)**도 넘게 하늘로 솟구쳐요.

3층 건물의 지붕 위에까지 솟구하지요.

많이 먹는 동물 시피

동물이 크면 그만큼 먹이도 많이 먹어야 해요. 하지만 몸집이 크다고 해서 늘 가장 많이 먹는 건 아니에요. 야! 엄청난 대식가인 동물들을 만나 볼게요!

헤비급 대식가들

뿔닭 나방
마다가스카르의 하이랜드섬에 사는 나방으로, 자기보다 큰 곤충을 이빨로 깨물어 잡아먹어요. 다른 곤충 동물에게서 채소를 훔쳐 먹기도 해요.

별코 두더지
먹이를 찾아다니는 시간이 가장 빠른 동물이에요. 먹이를 1.8초 만에 0.227초 안에 먹어 치워요.

바퀴로 재빨리
가장 이가 많이 씹는 재빠르게 턱을 사용해서 순식간에 먹이를 꿀꺽 삼켜 버려요.

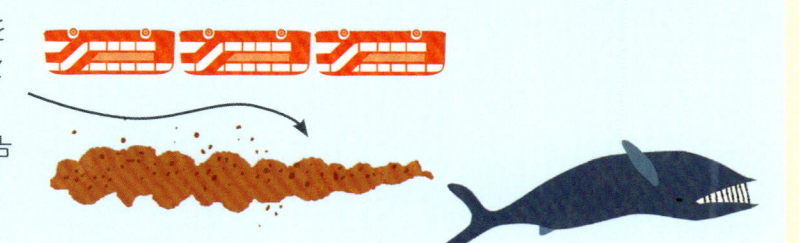

대왕고래가 하루에 먹는 크릴 양은 3,600kg 가까이 돼요.

크릴의 길이는 4~5센티미터(cm)에 무게는 약 1그램(g)밖에 안 되는데, 먹이를 잡기 위해 몸무게의 아주 많은 먹이를 잡아야 해요!

코끼리 대왕고래 한 끼의 양은 코끼리 3톤이 2.5마리 정도 된다니다.

그러나 대왕고래가 하루에 하는 아이팟 먹이의 양은 대체 몸무게에 이익분의 일 돼요.

2.5%

하지만 대왕고래가 한 번에 2초 사이 30m나 되는 아이어라이 돌고 다니를 배설해요. 몸 길이가 3m를 넘기도 하는 똥은 갈색 덩어리지요!

길이(m)
0 1 2 3 4 5 6 7 8 9 10 11 12 13

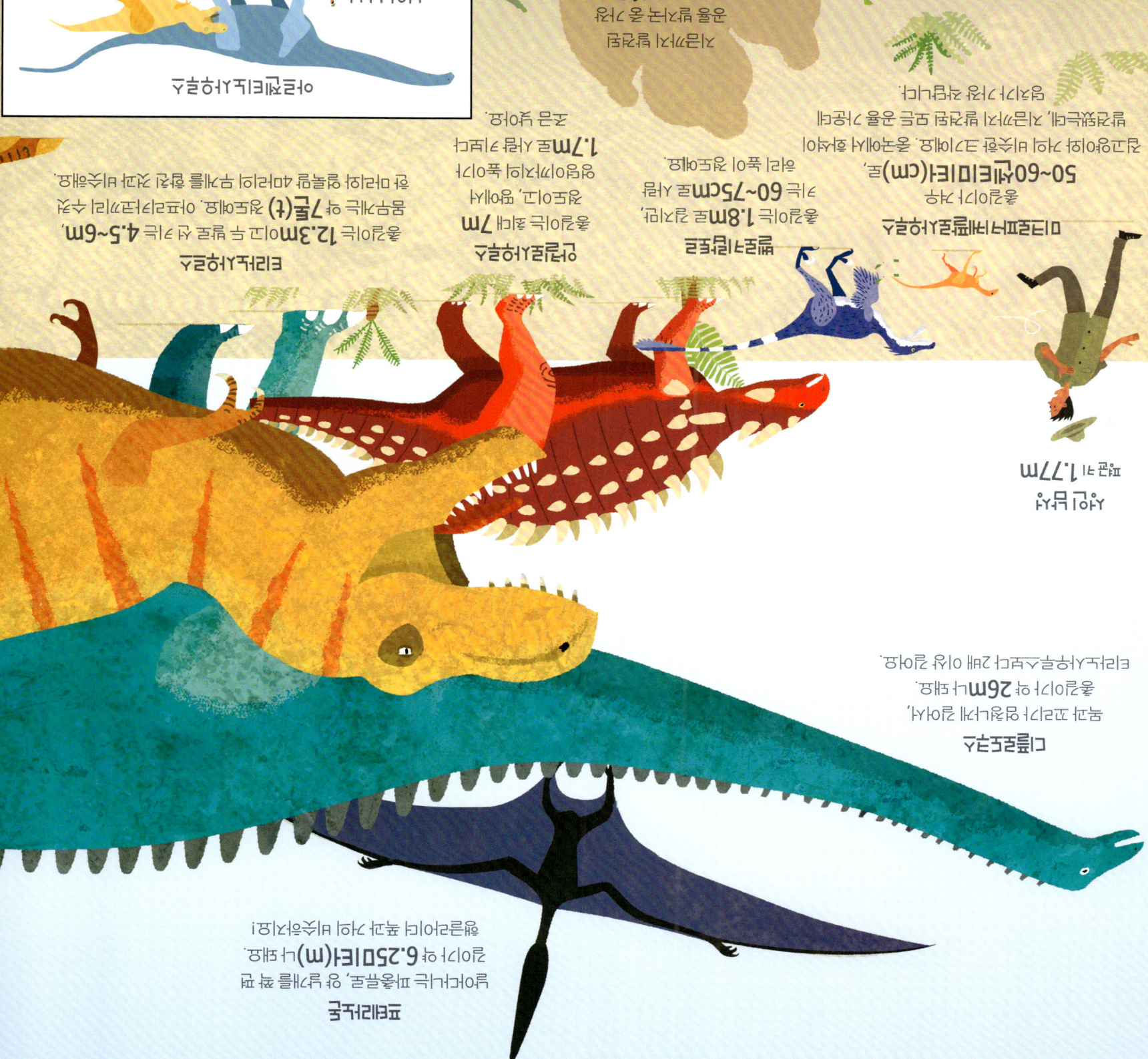

대왕고래 숨은 정보

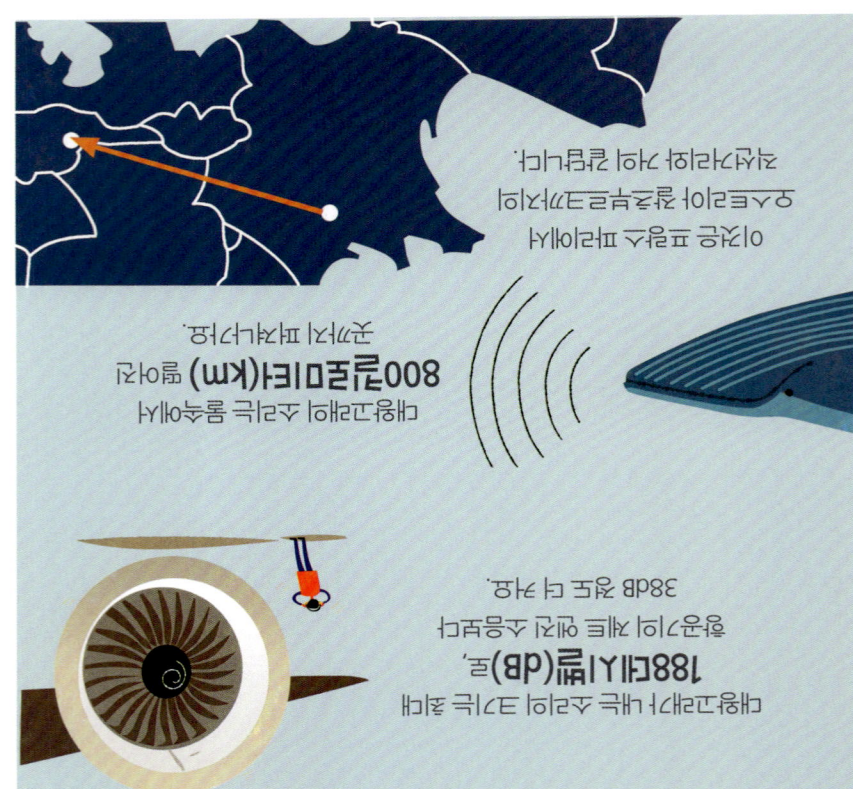

새끼 대왕고래의 길이는 약 7m로, 갓 태어난 대왕고래 새끼 몸길이가 커요.

대왕고래는 흰긴수염고래라고 미슈불러요.

대왕고래가 내는 소리 크기는 대략 188데시벨(dB)로, 비행기 제트 엔진 소음보다 38dB 정도 더 커요.

이 강한 소리는 파도에서 파도로까지 800킬로미터(km) 떨어져 있는 대왕고래가 듣는 동족에게 전달되기도 합니다.

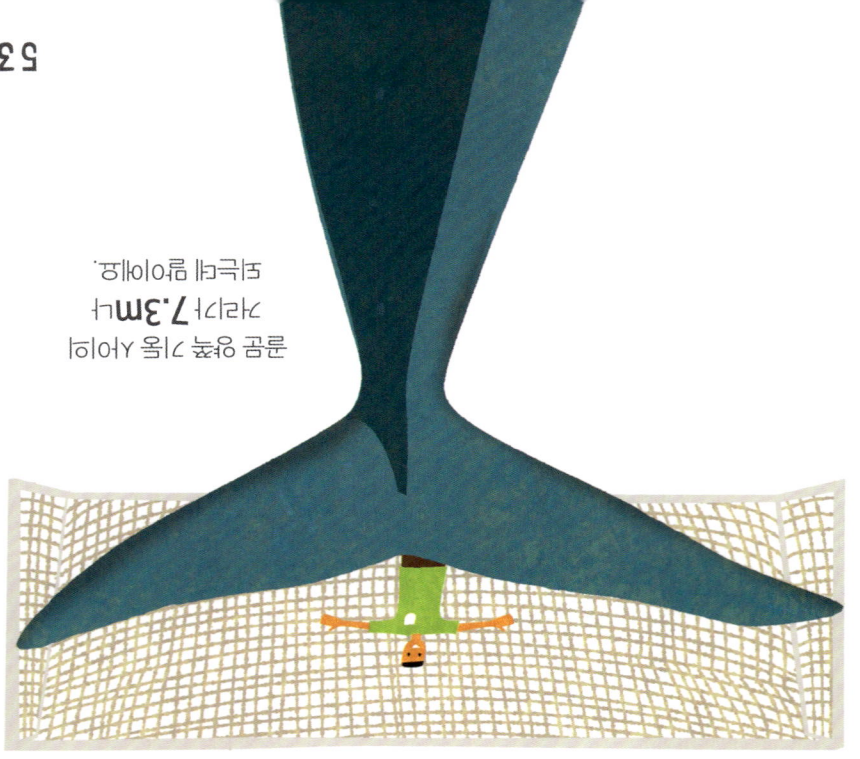

대왕고래의 꼬리 양쪽 끝 꼬리를 날개 폭 너비가 7.3m나 돼요. 공룡 중 가장 높은 기린 사이의 높이예요.

대왕고래의 입에는 작은 물고기들과 공중에 떠 있는 작은 해양동물을 가두어 두는 '빗살 모양' 고래수염이 있어요.

대왕고래의 심장은 450kg이나 돼요. 자동차 한 대와 무게가 비슷하고, 심장이 펌프질 할 때마다 300그램(g)의 혈액이 흐릅니다.

대왕고래의 혈관은...

새끼 대왕고래는 하루에 379리터(L)의 어미젖을 먹어요. 아이가 먹는 양이 많아요.

하루 2.5L를 충분히 섭취할 수 있는 양이에요.

대왕고래의 허파 용량은 5,000L이 약 11L를 흡입할 수 있어요. 스쿠버 다이버가 숨을 쉴 수 있는 455개 공기통을 채울 수 있는 양이지요.

x 455

대왕고래의 몸무게는 2,700킬로그램(kg)이나 돼는데...

하마 수컷 약 30마리 무게와 같아요.

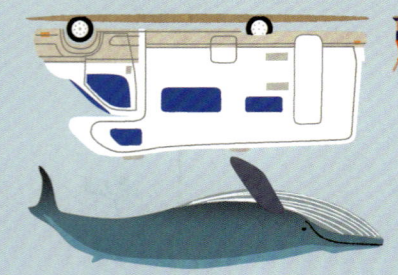

세상에서 가장 엄청난 먹보이자 똥싸개는 **대왕고래**예요. 대왕고래는 지금까지 지구에 살았던 모든 동물 가운데 가장 커다란 동물이에요. 최대 **29.9미터(m)**까지 자라고, 크릴이라고 하는 작은 새우를 매일 **3.5톤(t)** 이상 먹어 치운답니다.

커다란 동물로 **코끼리**를 빼놓을 수 없지요! 그중에서도 가장 큰 것은 무게가 **6t** 이상 나가요. 기다란 코 무게가 **180킬로그램(kg)**이나 돼서 둔할 것 같지만, 아주 작은 쌀알도 쉽게 집어 들어요.

코끼리는 하루에 최대 **270kg**의 식물을 먹어요.

성인 남성 3명과 열 살 어린이의 몸무게를 더한 것과 비슷한 무게예요!

코끼리가 하루에 먹는 먹이의 양은 몸무게의 **5퍼센트(%)**에 달해요.

그리고 똥은 하루에 **150kg**이나 누는데…

성인 남성 2명의 몸무게와 거의 비슷한 무게랍니다!

벌새는 매일 **4g**의 곤충과 꽃꿀을 먹어요. 자기 몸무게의 2배에 달하는 양이지요. 만약 열 살 어린이가 하루에 자기 몸무게의 2배나 되는 양을 먹으려면, 매일 소시지를 **1,000개**씩 먹어야 할 거예요!

벌새
1.4~2g

곤충과 꽃꿀
3~4g

생고기로 꿀꺽!
다 자란 사자는 하루에 스테이크 30접시 분량의 고기를 집어삼켜요. 익히지도 않은 날것으로 말이에요.

아주 특별한 식사법
이집트독수리는 새알을 영리하게 먹는 자신만의 방법이 있어요. 바로 조그만 돌멩이를 물어다 알에 던져서 껍데기를 부수는 거예요.

깔끔한 원숭이
일본원숭이는 과일 같은 먹이를 구하면 물에 담가서 싹싹 씻어 먹어요.

위험한 스포츠 비교

많은 사람들이 극한 상황에 도전하는 스포츠를 통해 짜릿한 쾌감을 느껴요. 하지만 그만큼 위험도 크지요. 어떤 스포츠가 가장 위험할까요?

안전이 제일 중요해요!

모든 스포츠는 어느 정도 위험이 따르기 때문에, 참가자의 안전을 위해 명확한 안전 지침과 보호 장치를 마련해 둬요. 그러니까 새로운 종목을 경험하고 싶다면, 반드시 규칙을 이해하고 어른처럼 책임감 있게 행동해야 해요.

행글라이딩
행글라이딩은 엔진의 힘이 따로 필요 없어요. 날개 아래 매달려 자유롭게 날면 되지요. 다만 영국에서는 11만 6,000번 중에 한 번꼴로 사망 사고가 일어나요.

파쿠르
맨몸으로 자연과 도시 속 장애물을 뛰어넘어 다니는 스포츠예요. 마치 스파이더맨처럼 높은 빌딩 숲 사이를 자유롭게 넘나들지요.

베이스 점핑
베이스 점핑은 절벽이나 빌딩, 타워, 다리처럼 지상에 있는 높은 곳에서 뛰어내리는 스포츠예요. 이 스포츠를 즐기는 사람들을 '점퍼'라고 부르는데, 점퍼 254명 중 한 명꼴로 부상을 당하고 2,317명 중 한 명꼴로 사망한다고 해요.

카누와 카약
세계의 수로는 물살이 약하고 상대적으로 안전한 '1단계'부터 몹시 위험한 '6단계'까지 분류돼 있어요. 대체적으로 10만 번당 2번의 사망 사고가 발생하는 것으로 보고돼 있어요.

스쿠버 다이빙
수중 자가 호흡기를 이용해서 깊은 바닷속을 탐험하는 스포츠예요. 하지만 늘 위험이 도사려서, 매년 약 140명이 사망하고 20만 번당 한 번의 사망 사고가 일어난다고 해요.

집에서 따라하지 마세요!

목숨을 건 자유낙하
2014년 앨런 유스터스는 41.42킬로미터(km) 상공에서 펄쩍 뛰어내렸어요. 그리고 4분 27초 동안 무시무시한 속도로 떨어지다가, 37.6km 지점에서 낙하산을 펴고 안전하게 착륙했지요. 낙하산을 펴기 직전 속력이 무려 1,321km/h에 달했어요!

거꾸로 자전거
2002년, 네덜란드 산악자전거 선수인 피터르 데 하우트는 험준한 지형에서 거꾸로 앉아 자전거를 탔어요. 그 결과 50km를 2시간 8분 만에 완주했답니다.

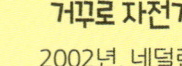

깊이, 더 깊이!
스킨다이버들은 숨을 참고 물속으로 최대한 깊이 들어가요. 몇몇 다이버들은 한 번에 3분 30초 이상 숨을 참고 95m 이상 내려갈 수 있는데, 이 깊이는 런던의 대형 시계탑 빅벤의 높이와 거의 비슷해요.

스카이다이빙

비행기에서 펄쩍 뛰어내려 자유낙하를 즐기는 것은 짜릿하지만 매우 위험한 일이에요. 2015년 미국에서만 평균 100만 명 중 6.1명이 치명적인 중상을 입거나 사망했답니다. 2014년에는 교관과 함께 뛰어내리는 탠덤스카이다이빙 도중 아찔한 사고가 일어났어요. 4,200미터(m) 상공에서 떨어졌는데, 주 낙하산과 부 낙하산 모두 문제가 생긴 거예요. 하지만 기적적으로 둘 다 무사히 살아남았어요!

등반

에베레스트 산처럼 높고 험한 산을 등반하는 것은 매우 위험할 수 있어요. 1920년 이래, 290명 이상의 산악인들이 에베레스트 산 등반 도중 목숨을 잃었지요.

번지점프

수십, 수백 미터에서 오직 고무줄에만 의지해 공중으로 뛰어내리는 것은 스릴 넘치지만 매우 위험한 일이에요. 50만 명 중에 한 명 꼴로 목숨을 잃어요.

스키

2015~2016년 미국 스키 시즌 동안, 총 5280만 명이 스키를 탔고 그중 39명이 사망했어요. 평균 100만 명당 0.74명이 사망한 셈이지요.

스노보드

스노보드는 스키보다 속도가 느려서 사망할 위험은 거의 없지만 부상이 잦아요. 다만 헬멧을 쓰고 보호 장구를 제대로 갖추면 심각한 머리 부상을 당할 위험을 약 40퍼센트(%)나 줄일 수 있어요.

모토크로스

오토바이를 타고 험한 지형에서 경주를 하며 묘기를 부리다 보면, 아무리 헬멧을 쓰고 안전복을 챙겨 입어도 심각한 부상을 입을 수 있어요.

자동차 경주

경주용 자동차는 트랙 위에서 시속 321킬로미터(km/h) 이상으로 달려요. 그렇다 보니 종종 충돌 사고가 일어나긴 하지만, 사람이 사망하는 경우는 거의 없어요.

인간 햄스터볼

조빙은 투명하고 커다란 플라스틱 공 안에 들어가서 45km/h 이상의 속력으로 언덕을 굴러 내려오는 익스트림 스포츠예요. 이 속도는 세계적인 육상 100m 남자 선수의 속력과 비슷하답니다.

극한 다리미질

이 스포츠의 목표는 의외의 장소에서 옷을 다리는 거예요. 2006년 영국 스쿠버 다이버인 루이스 트레와바스는 홍해의 수심 137m 지점에 묵직한 다리미판을 펼쳐 놓고 열심히 티셔츠를 다렸어요!

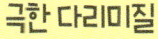

부르르르르!

'아이스맨'이라는 별명으로 유명한 추위 참기의 달인 윔 호프는 2009년 맨몸에 반바지만 입고 킬리만자로 설산을 올랐어요. 또한 얼음 위에 앉아서 명상을 하며 1시간 52분이나 추위를 견뎠답니다.

스포츠 기록 비교

여러분은 미국프로농구(NBA) 경기장에 탁구대 104개를 놓을 수 있다는 사실을 알고 있나요? 아니면 남자 세단뛰기 세계기록이 복싱 링 3개를 나란히 놓은 것보다 겨우 1센티미터(cm) 짧다는 것은요? 이렇게 스포츠는 '숫자'로도 비교할 수 있어요.

종목별 최대 속력 비교

77.25km/h **럭비** 럭비의 한 종목인 럭비 유니언에서 가장 빨랐던 패스는 2011년 영국 럭비 팀 와프스의 선수 조 심슨의 손끝에서 만들어졌어요.

100km/h **투창** 세계 수준의 남자 선수가 창을 있는 힘껏 내던졌을 때의 속력이에요.

116km/h **탁구** 탁구에서는 2016년 폴란드 선수 루카스 부드너가 친 탁구공이 최대 속력을 기록했어요.

161.3km/h **크리켓** 2003년 파키스탄과 영국이 맞붙은 경기에서 쇼아이브 악타르가 친 공이 가장 빠른 속력을 기록했어요.

169.14km/h **야구** 2010년 미국의 야구 팀 신시내티 레즈의 투수 아롤디스 채프먼은 메이저리그에서 최고 강속구를 던졌어요.

177.5km/h **아이스하키** 2011년 러시아에서 열린 대륙간아이스하키리그 올스타전에서 데니스 쿨야시가 가장 빠른 샷을 쳤어요.

183km/h **축구** 1996년 영국 프리미어리그에서 데이비드 허스트가 찬 공이 가장 빠른 슈팅으로 기록됐어요.

240km/h 이상 **양궁** 특히 올림픽에서 국가대표 선수가 쏜 화살은 과녁을 향해 시속 240킬로미터(km/h)로 70미터(m)를 날아가요.
양궁 선수가 쏜 화살은 치타가 전속력으로 달리는 것보다 2배 빠르게 날아갈 수 있어요.

263km/h **테니스** 이 기록은 자동차 경주대회 F1에서 트랙 한 바퀴를 가장 빨리 돌았을 때의 평균 속력보다 0.8km/h 빨라요.
호주의 샘 그로스가 2012년 부산 오픈에서 가장 빠른 서브를 날렸어요.

332km/h **배드민턴** 이 초고속 셔틀콕은 단거리 달리기 챔피언인 우사인 볼트의 최고 기록보다 7.5배나 빨리 날아갔어요.
중국의 푸하이펑이 2005년 수디르만 컵에서 최대 속력의 스매시를 선보였어요!

349.38km/h **골프** 2012년 라이언 윈터가 친 드라이브샷은 어마어마하게 빠른 속력을 기록했어요.

★ 여러분이 이 책을 읽을 때쯤에는 또 다른 세계신기록이 나왔을지도 몰라요!

동물의 점프 능력 비교

사람은 매우 높고 멀리 뛸 수 있어요. 하지만 그건 동물도 만만치 않아요. 자연에는 우리의 강력한 경쟁자들이 굉장히 많답니다.

메뚜기
1m

캥거루쥐
2.75m

메뚜기와 캥거루쥐는 사람만큼 멀리 뛰지는 못해요. 하지만 몸 크기를 생각한다면, 이들이야말로 멀리뛰기 분야의 슈퍼스타예요! 둘 다 몸길이의 **20배** 가까이 되는 거리를 펄쩍 뛸 수 있거든요! 사람으로 치면 한 번에 농구 경기장 가로 길이를 뛰어넘는 것과 같아요.

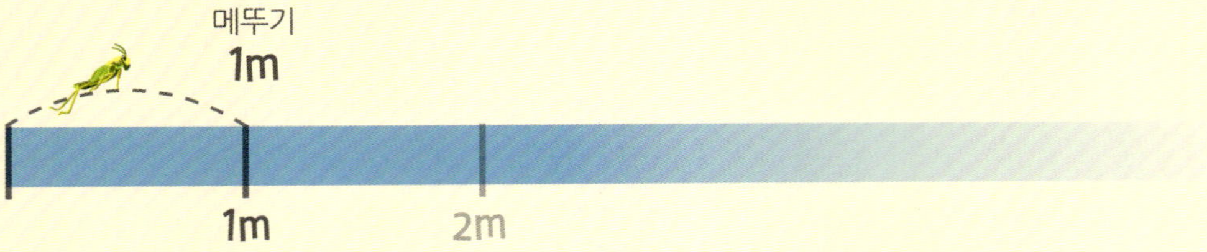

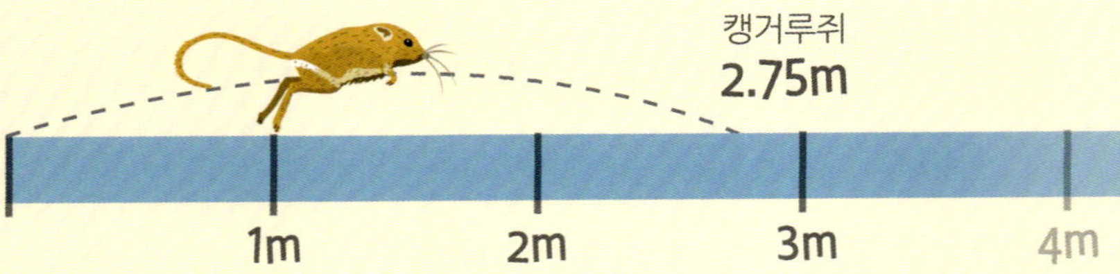

최고의 남자 멀리뛰기 선수들은 도움닫기를 하면 키의 **5배**까지 멀리 뛸 수 있어요.

여자 멀리뛰기 세계기록
7.52m

캥거루는 도움닫기 없이 제자리에서 뛰어도 올림픽에 출전한 멀리뛰기 선수들보다 더 멀리 뛸 수 있어요. 강한 뒷다리 힘 덕분에 **초속 5미터(m/s)**로 공중을 가로지르지요.

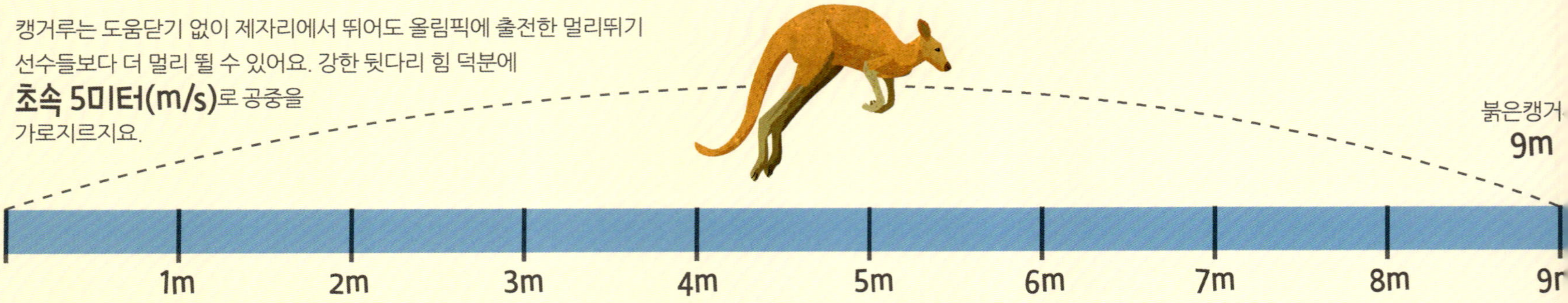

붉은캥거루
9m

제자리에, 준비, 출발!

펄쩍 날기
날개구리 중 몇몇 종류는 커다란 물갈퀴가 달린 발을 이용해서 나무 사이를 최대 15m나 날아 다녀요.

파워 점프
벼룩은 자기 몸길이의 200배나 높이 뛸 수 있어요. 특히 개벼룩은 고양이벼룩보다 더 높이 뛸 수 있지요. 하지만 둘 다 물속에 사는 요각류에게는 못 당해요. 물벼룩을 포함한 요각류는 1초당 자기 몸길이의 1,000배나 되는 엄청난 속도로 뛰어오르거든요!

저 멀리 멀리…
여자 원반던지기 경기의 최고 기록은 76.8m예요. 2층 버스 7대를 줄지어 놓은 것보다 조금 짧아요.

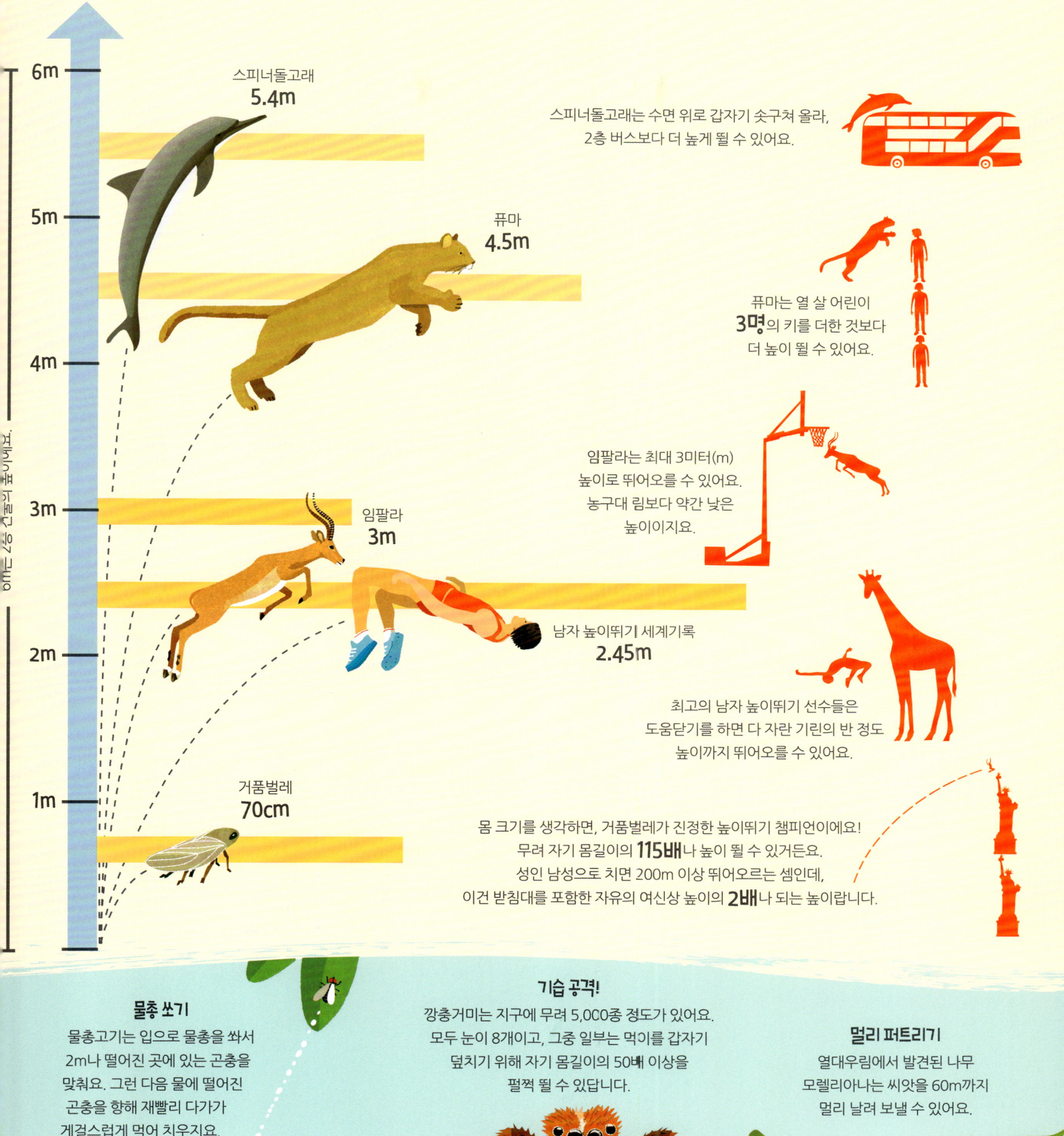

동물의 속력 비교

확실히 빠르기로 경쟁을 하면, 우리는 많은 동물들에게 뒤처질 수밖에 없어요. 빠른 동물들은 몸 구조부터 속력을 내기 알맞게 생겼거든요. 덕분에 손쉽게 먹이를 잡고, 적으로부터 재빨리 달아날 수 있지요.

하늘

속력이 가장 빠른 동물은 하늘에 있어요. 매는 세상에서 가장 빠른 새로, 먹이를 낚아챌 때는 경비행기를 앞지를 만큼 빠릅니다.

- 집파리 7.2km/h
- 작은갈색박쥐 35.4km/h
- 잠자리 58km/h
- 안나벌새 98km/h

땅

육지동물 중 일부는 스프린터(단거리 달리기 선수)와 마라토너(장거리 달리기 선수)로 나뉘어요. 그중 사람은 단거리도 잘 뛰지만 말처럼 장거리를 꾸준한 속력으로 달릴 수 있어서 마라토너에 속해요.

- 호주길앞잡이 8.9km/h
- 아프리카코끼리 40.2km/h
- 단거리 달리기 — 사람은 순식간에 전력으로 질주할 수 있어요.
- 올림픽 남자 단거리 달리기 챔피언 44.72km/h
- 타조 69.2km/h
- 가지뿔영양 88.5km/h

물

사람과 다르게 동물의 속력을 측정하는 건 몹시 까다로워요. 특히 물에서는 더욱 어려운 일이지요.

- 올림픽 남자 수영 챔피언 9.7km/h
- 송어 24km/h
- 젠투펭귄 35.4km/h
- 날치 59km/h
- 청상아리 74km/h

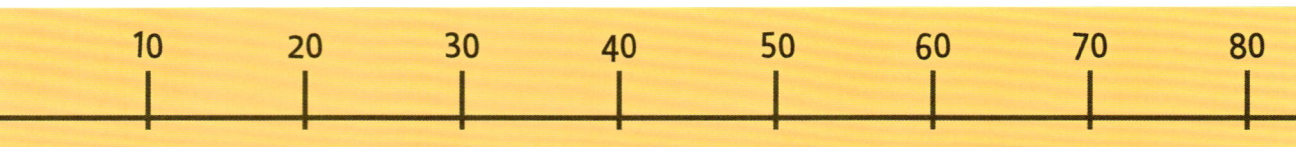

속력의 단위

우리는 움직이는 물체의 빠르기를 이야기할 때, 주로 한 시간 동안 이동하는 거리를 이용해서 속력을 나타내요. 그래서 'km/h(시간당 킬로미터)'라는 단위를 사용하고 '시속 몇 킬로미터'라고 읽지요.

안나벌새는 부리를 뺀 길이가 7센티미터(cm) 정도인 자그마한 새지만, 1초에 자기 몸길이의 **385배**나 되는 거리를 날 수 있어요. 우주에서 지구로 돌아오는 우주왕복선의 대기권 진입 속도보다 더 빨라요.

아메리카우드콕
8km/h
세상에서 가장 느리게 나는 새예요. 집파리보다 아주 조금 빠를 뿐이지요.

VS

매
389.5km/h
세상에서 가장 빠른 동물로, 치타보다도 3배 이상 빨라요. 공중에서 아래쪽에 있는 먹이를 향해 갑자기 내려갈 때가 가장 빠르답니다.

레이스비둘기 145km/h

검독수리 193km/h

매 389.5km/h

고양이의 힘
집고양이가 힘껏 달리는 최대 속력은 **46.7km/h**예요. 사람의 단거리 달리기 세계기록이 약 **45km/h**이니, 고양이가 간발의 차이로 이겼네요!

치타 112.7km/h

달팽이
0.048km/h
상당히 느릿느릿 기어 다녀요. 사람이 걷는 평균 속도보다 100배가량 느리지요.

VS

치타
112.7km/h
정지 상태에서 단 3초 만에 속력을 112.7km/h까지 높일 수 있어요. 포르쉐나 페라리 같은 슈퍼카의 순간 가속도와 비슷한 수준이에요.

물살을 가르고 앞으로!
물은 공기보다 밀도가 **750배** 이상 커요. 그렇다 보니 물속에서 움직이는 건 물 밖에서보다 상당히 많은 힘을 필요로 해요. 빨리 헤엄치려면 더욱 더요! 따라서 물속에서 엄청난 속력을 내는 동물들은 대부분 크고 힘센 동물들이랍니다.

난쟁이해마
0.0014km/h
세상에서 가장 느린 물고기예요. 고작 3미터(m)를 이동하는 데 2시간이 넘게 걸린답니다.

VS

흑새치
128.7km/h
오랜 시간 동안, 세상에서 가장 빠른 물고기는 돛새치로 알려져 있었어요. 그런데 어느 날 엄청난 속도로 헤엄치는 흑새치가 발견됐어요. 치타보다 16km/h나 빠르고, 올림픽 수영 챔피언보다 13배 이상 빠른 속력이었지요!

흑새치 128.7km/h

100 110 120 130 140 150 160 170 180 190 200

탈것의 속력 비교

지금까지는 지구에서 가장 빠른 동물들을 살펴봤어요. 그런데 자동차나 비행기, 배처럼 사람이 만든 탈것의 속력은 얼마나 빠를까요? 여러 가지 탈것의 속력을 비교해 봐요.

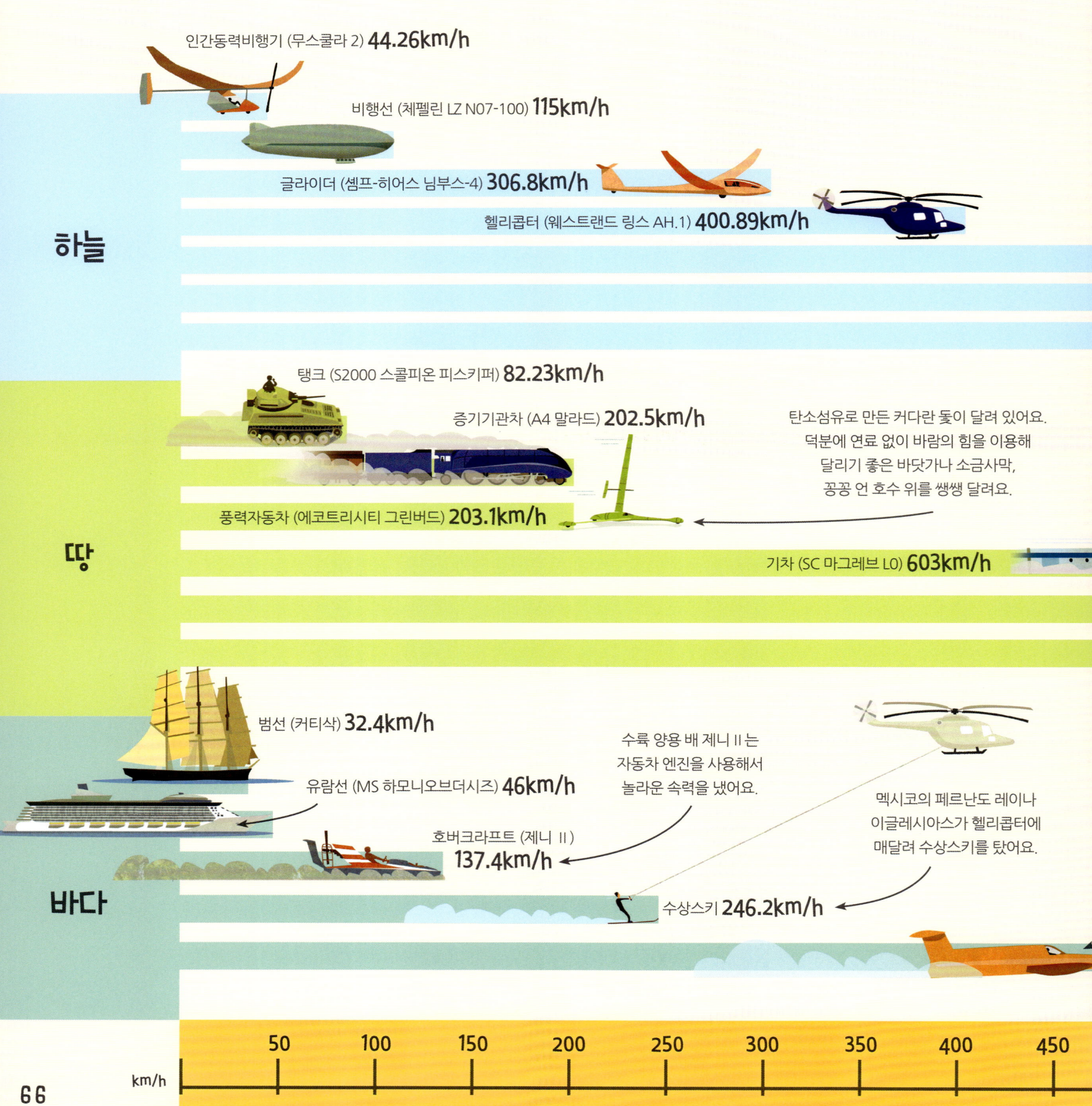

라이트 플라이어
10.9km/h

1903년 라이트 형제가 만든 것으로, 사람을 태우고 최초로 동력비행에 성공한 역사적인 비행기예요. 시속 10.9킬로미터(km/h)로 하늘을 날았어요.

VS

노스 아메리카 X-15A-2
7,270km/h

역사상 가장 빠른 유인 항공기로, 로켓의 추진력을 이용해 엄청난 속력을 자랑했어요. 1967년의 기록이 아직도 깨지지 않았지요.

헬리오스 우주탐사선 2호는 로켓의 강력한 추진력 덕분에 최대 속력이 246 960km/h에 달했어요. 이 속도라면 미국 로스앤젤레스에서 뉴욕까지 단 **57.5초** 만에 갈 수 있고, 세계 일주도 **10분** 만에 가칠 수 있답니다!

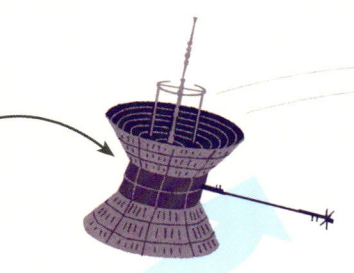

민간 제트여객기 (세스나 사이테이션 X+) **978km/h**

초고속 전략정찰기 (SF-71A 블랙버드) **3,529.56km/h**

로켓 (헬리오스 우주탐사선 2호) **246,960km/h**

세그웨이
20.1km/h

전기 모터가 달린 1인용 탈것으로, 평균 속력은 13km/h, 최대 속력은 약 20km/h예요.

VS

부가티 베이론 슈퍼스포츠
431.07km/h

공장에서 대량으로 생산되는 자동차 가운데 가장 빨라요.

3개의 제트 엔진이 장착돼 있어서, 소형차의 약 460배나 되는 강력한 힘으로 엄청난 속도를 냈어요.

트럭 (쇼크웨이브) **605km/h**

세계에서 가장 빠른 자동차예요. 2개의 제트 엔진 덕분에 정지 상태에서 단 16초 만에 960km/h까지 끌어올릴 수 있어요. 다만 연료를 초당 18.18리터(L)나 사용하는 건 문제지만요.

제트카 스러스트 SSC **1,227.99km/h**

페달보트
9.3km/h

발로 페달을 밟아서 움직이는 페달보트는 최대 속력이 대다수 사람들의 조깅 속력보다도 느려요.

VS

모터보트
244.94km/h

2005년 F1 3L 모터보트 경주에서 구이도 카펠리니가 244.94km/h라는 놀라운 기록을 세웠어요. 대부분의 자동차보다도 빠른 속력이지요.

경주용 모터보트 (스피릿 오브 오스트레일리아) **511km/h**

탈것의 길이 비교

작은 자전거에서부터 엄청나게 거대한 배까지, 탈것의 크기는 매우 다양해요. 종류별로 세상에서 가장 기다란 탈것은 무엇이 있는지 알아봐요.

일반적인 자동차 길이는 대개 **4.1미터(m)**에서 **4.6m** 사이예요.

그런데 쉐보레의 대형 SUV 모델 서버번은 차체 길이가 **5.7m**예요. 대략 성인 남성 3명이 일자로 누운 길이보다 길고, 1903년 최초로 동력비행에 성공한 라이트 플라이어 1보다는 겨우 70센티미터(cm) 짧지요.

독일의 오토트램 엑스트라 그랜드 버스는 세계에서 가장 긴 버스예요. 길이가 **30m**가 넘고, 256명이나 되는 승객을 태울 수 있어요.

이는 대왕고래와 길이가 거의 비슷하고, 1768년 영국을 떠나 남태평양을 탐험하다가 최초로 호주 대륙을 발견한 영국 왕의 군함 HMS 인데버 호보다 겨우 2m 정도 짧아요.

아주 힘센 트럭 한 대가 여러 대의 트레일러를 줄지어 끌고 가는 차량을 트레일러트럭이라고 해요. 이 호주의 대형 트레일러트럭은 전체 길이가 **53.5m**나 돼요.

이 길이는 대왕오징어 4마리를 길게 줄지어 놓은 것과 비슷하지요.

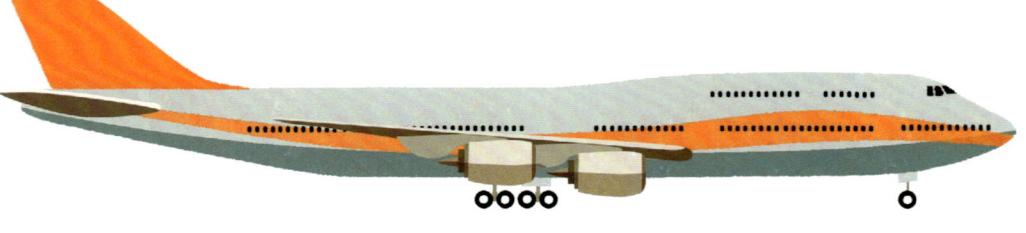
세계에서 가장 긴 여객기는 보잉 747-8로, 전체 길이가 **76.3m**예요.

볼링 레인 3개를 합쳐 놓은 것과 비슷한데, 공을 내려놓기 위해 스텝을 밟는 구간까지 포함된 길이랍니다.

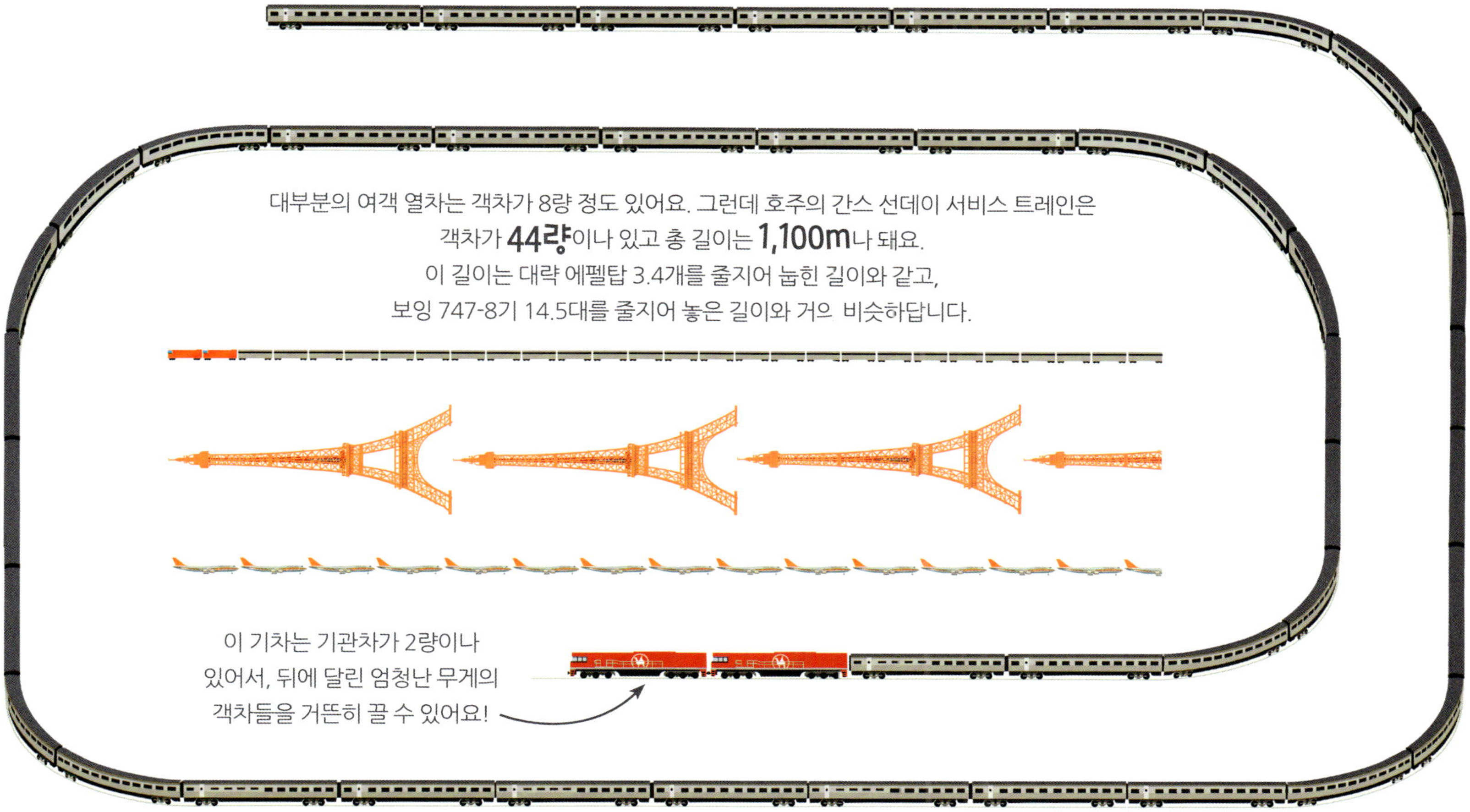

대부분의 여객 열차는 객차가 8량 정도 있어요. 그런데 호주의 간스 선데이 서비스 트레인은
객차가 **44량**이나 있고 총 길이는 **1,100m**나 돼요.
이 길이는 대략 에펠탑 3.4개를 줄지어 눕힌 길이와 같고,
보잉 747-8기 14.5대를 줄지어 놓은 길이와 거의 비슷하답니다.

이 기차는 기관차가 2량이나 있어서, 뒤에 달린 엄청난 무게의 객차들을 거뜬히 끌 수 있어요!

길이가 **400m**나 되는 바르잔은 세계에서 가장 긴 컨테이너선이에요. 축구 경기장 4개를 길게 붙여 놓은 것과 길이가 비슷하지요.
그리고 폭이 가장 넓은 부분은 **58.6m**나 되는데, 이 길이라면 피사의 사탑을 눕혀도 공간이 남는 정도랍니다.
그런데 이 거대한 배에 타는 선원은 겨우 35명뿐이에요!

여섯 가지 우주선 비교

놀라운 기계는 우주에도 있어요! 지구를 떠나 우주를 탐험한 여러 기계 가운데, 가장 경이롭고 중대한 일을 해낸 여섯 대의 기계에 대해 알아봐요.

국제우주정거장 (ISS)

이 거대한 우주정거장에는 무려 100개가 넘는 임무를 가지고 모인 6명의 우주 비행사가 수백여 개의 과학 실험을 수행하고 있어요. 임무는 계속해서 추가되고 있답니다.

국제우주정거장은 가로 **109미터(m)**, 세로 **73m**로 가장 큰 규격의 축구장 크기와 거의 같아요.

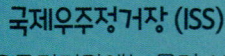

그리고 무중력 상태인 우주에서는 아무런 무게도 나가지 않지만, 지구에서 측정하면 **419,725킬로그램(kg)**이나 나가요. 대략 혹등고래 **15마리**의 무게와 같지요.

X 15

국제우주정거장은 **시속 28,000킬로미터(km/h)**로 지구 둘레를 도는데, 초고속 전략정찰기 SR-71A 블랙버드보다 거의 **8배**나 빠른 속력이랍니다.

X 8

아폴로 11호 달착륙선

인류를 달에 데려다 준 최초의 우주선이에요. 1969년 달 표면에 착륙했어요.

우주비행사 2명과 연료를 가득 실은 아폴로 11호의 무게는 **15,103kg**으로, 티라노사우루스 **2마리**에 커다란 호랑이 **3마리**를 얹은 것보다 무거워요.

달착륙선의 폭은 **9.4m**, 높이는 **7m**로…

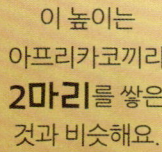

이 높이는 아프리카코끼리 **2마리**를 쌓은 것과 비슷해요.

인데버 우주왕복선

미국항공우주국(NASA)의 다섯 번째이자 마지막 우주왕복선인 인데버는 1992년부터 시작해 2011년에 은퇴하기까지 25개의 임무를 수행했어요.

14 X

인데버는 텅 빈 상태에서도 무게가 **78,000kg**이나 나가요. 아프리카코끼리 **14마리**와 비슷한 무게이지요.

길이는 **37.2m**로, 에어버스 A320 여객기와 거의 같은 길이예요.

새턴 V

우주선을 달에 보내기 위해 개발된 거대한 3단 로켓으로, 지금까지 개발된 로켓 가운데 키가 가장 커요.

전체 길이가 **111m**로, 피사의 사탑 높이의 거의 **2배** 정도 되는 셈이지요.

스푸트니크 1호

1957년에 발사된 최초의 인공위성 스푸트니크 1호는 우주에서 3개월 동안 **29,000km/h**로 지구 둘레를 돌았어요.

스푸트니크 1호는 지구에서 무게를 재면 **83.6kg**이 나가요. 커다란 붉은캥거루의 몸무게와 비슷하지요.

금속 공 모양으로 지름이 **58센티미터(cm)**인데, 대략 비치볼 크기만 해요.

새턴 V는 엄청난 추진력을 이용해, 아폴로 우주선을 달을 향해 쏘아 올렸어요.

X 103

연료가 가득 든 상태에서 발사될 때의 무게가 약 **284만kg**이나 되는데, 혹등고래 **103마리**의 무게와 비슷하답니다.

화성탐사로봇 큐리오시티 로버

6개의 바퀴를 가진 큐리오시티 로버는 2013년 화성에 착륙한 이래 이 붉은 행성을 쭉 탐사해 왔어요.

화성에서의 최대 속력은 **0.14km/h**로…

무게는 **899kg**으로, 커다란 호랑이 **3마리** 무게와 비슷하지요.

나무늘보와 거의 비슷한 편이에요.

또 길이는 **2.7m**에 폭은 **2.2m**로, 소형차 크기와 비슷하답니다.

커다란 중장비 비교

사람은 몸집에 비해 힘이 꽤 센 편이에요. 하지만 영리한 두뇌를 이용해서, 사람과는 비교할 수 없을 만큼 아주 크고 강력한 기계들을 만들어냈답니다. 아래에 있는 최고의 중장비들처럼요!

립헬 LTM 11200-9.1
세계에서 가장 거대한 이동식 크레인이에요. 무려 **1,200톤(t)**까지 들어 올릴 수 있는데, 대왕고래 8마리의 무게보다 더 무거운 값이랍니다.

크레인의 기다란 기둥은 마치 망원경처럼 길게 쭉 뽑았다가 안으로 착착 접어둘 수 있어요. 그래서 이동할 때는 기둥을 짧게 만든 뒤 차체에 납작하게 붙여 놓아요. 그리고 공사장에 도착하면 차체를 땅에 단단하게 고정시킨 다음 기둥을 길게 늘이지요.

립헬 LTM 11200-9.1은 물건을 **100미터(m)** 높이까지 들어 올릴 수 있는데, 대략 28층 빌딩의 높이와 같답니다. 보조 기둥을 이용하면 더 높게 들 수 있어요.

벨라즈 75710
세계에서 가장 큰 덤프트럭이에요. 짐을 가득 실었을 때의 총 무게는 **810t**으로, 집 **6채**의 무게와 거의 비슷해요.

짐을 싣지 않은 무게는 **360t** 정도인데, 대왕고래 **2.5마리**의 무게와 거의 비슷하지요.

바퀴 하나의 높이가 **4m**로, 성인 여성 평균 키의 **2.5배** 정도 되는 높이예요.

버사

세계에서 가장 큰 터널 보링 머신(TBM)이에요. 빙글빙글 돌아가는 거대한 원형 절삭기로, 사람의 힘으로는 절대 부술 수 없는 단단한 땅과 바위를 뚫고 터널이나 파이프라인을 만드는 기계이지요. 버사에는 **25,000마력(hp)**의 엄청난 힘을 내는 커다란 모터가 달려 있는데, 경주용 픽업트럭 **16대**를 합한 것보다 힘이 세답니다.

 X 16

버사는 절삭기 앞부분에 달린 **260개**의 강철 톱니를 이용해서, 지름 **17.4m**의 커다란 구멍을 뚫어요. 이렇게 만들어진 터널의 높이는 기린 성체 **3마리**의 키를 더한 것만큼이나 높답니다.

X 140

고마쓰 D575A-3 S

거대한 불도저 고마쓰 D575A-3 S는 무게가 무려 **152t** 이상 나가요. 검은코뿔소 **140마리**와 비슷한 무게예요.

앞에 달린 거대한 배토판은 높이가 성인 남성 평균 키의 **2배** 가까이 되고,

가로 길이는 세상에서 가장 긴 뱀인 그물무늬비단뱀보다 길어요.

그리고 한 번에 흙이나 돌을 **69세제곱미터(m³)**나 들어 올릴 수 있는데,

 X 445

욕조 **445개**를 가득 채울 수 있는 양이에요.

과학 관측 장비 비교

어마어마하게 거대한 기계들이 모두 중장비처럼 물리적인 힘을 내는 종류만 있는 건 아니에요. 거울과 자석을 이용해서 놀라운 업적을 남긴 기계 두 가지를 소개할게요.

초거대망원경(VLT)

칠레 아카타마 사막 고원지대에 위치한 파라날 천문대에는 초거대망원경(VLT)이 있어요. 4대의 커다란 반사망원경으로 구성돼 있는데, 각각 거대한 거울을 이용해서 우주에서 온 빛을 모으고 상을 확대해 우주를 관측한답니다.

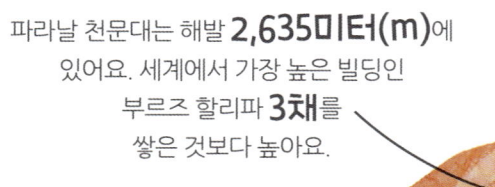

파라날 천문대는 해발 **2,635미터(m)**에 있어요. 세계에서 가장 높은 빌딩인 부르즈 할리파 **3채**를 쌓은 것보다 높아요.

그리고 망원경마다 **23t**이나 되는 거대한 거울이 들어 있는데, 2층 버스 **2대**의 무게와 거의 비슷해요.

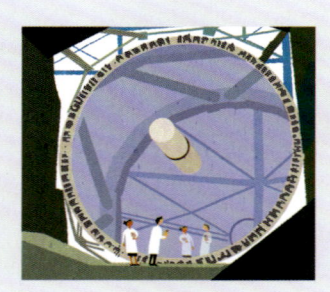

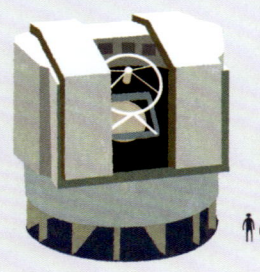 

VLT는 4대의 망원경이 한 쌍으로 구성돼 있지만, 각각 독립적으로 사용하기도 해요.

하나의 무게가 **430톤(t)**으로, 대형 여객기 보잉 747에 짐을 가득 실은 것만큼 무거운 무게랍니다.

거울의 지름은 **8.2m**로, 성인 여성 **5명**이 탑을 쌓듯이 서로의 머리 위에 서 있는 길이와 거의 같지요.

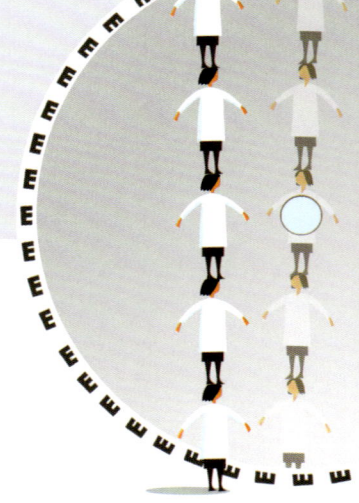

VLT는 4대의 망원경이 함께 작동할 때 더욱 엄청난 성능을 발휘해요. 그 결과 우리가 맨눈으로 볼 수 있는 것들보다 **40억분의 1** 정도로 아주 희미한 빛을 내는 물체들도 또렷하게 볼 수 있답니다.

예를 들자면 **1만 킬로미터(km)**나 멀리 떨어져 있는 곳에 있는 반딧불이를 볼 수 있는 거예요. 다시 말해 칠레에서 남아프리카 요하네스버그에 있는 고작 **1센티미터(cm)** 길이의 반딧불이를 볼 수 있는 것이지요. 정말 놀라운 일이죠?

대형강입자충돌기(LHC)

대형강입자충돌기는 세계에서 가장 큰 물리학 실험실이에요. 프랑스와 스위스 국경에 걸쳐 있는 거대한 원형 지하 터널로, 터널 안에는 수백 개의 강력한 자석으로 둘러싸인 2개의 빔 파이프가 들어 있어요. 이 자석들이 엄청난 전자기장을 만들면, 양성자라는 작은 입자가 각 파이프 속을 서로 반대 방향으로 빠르게 돌다가 4개의 교차점에서 충돌하지요. 그러면 과학자들은 이때 일어나는 반응을 관찰하고, 여기서 얻은 정보를 이용해 우주 탄생의 비밀을 연구한답니다.

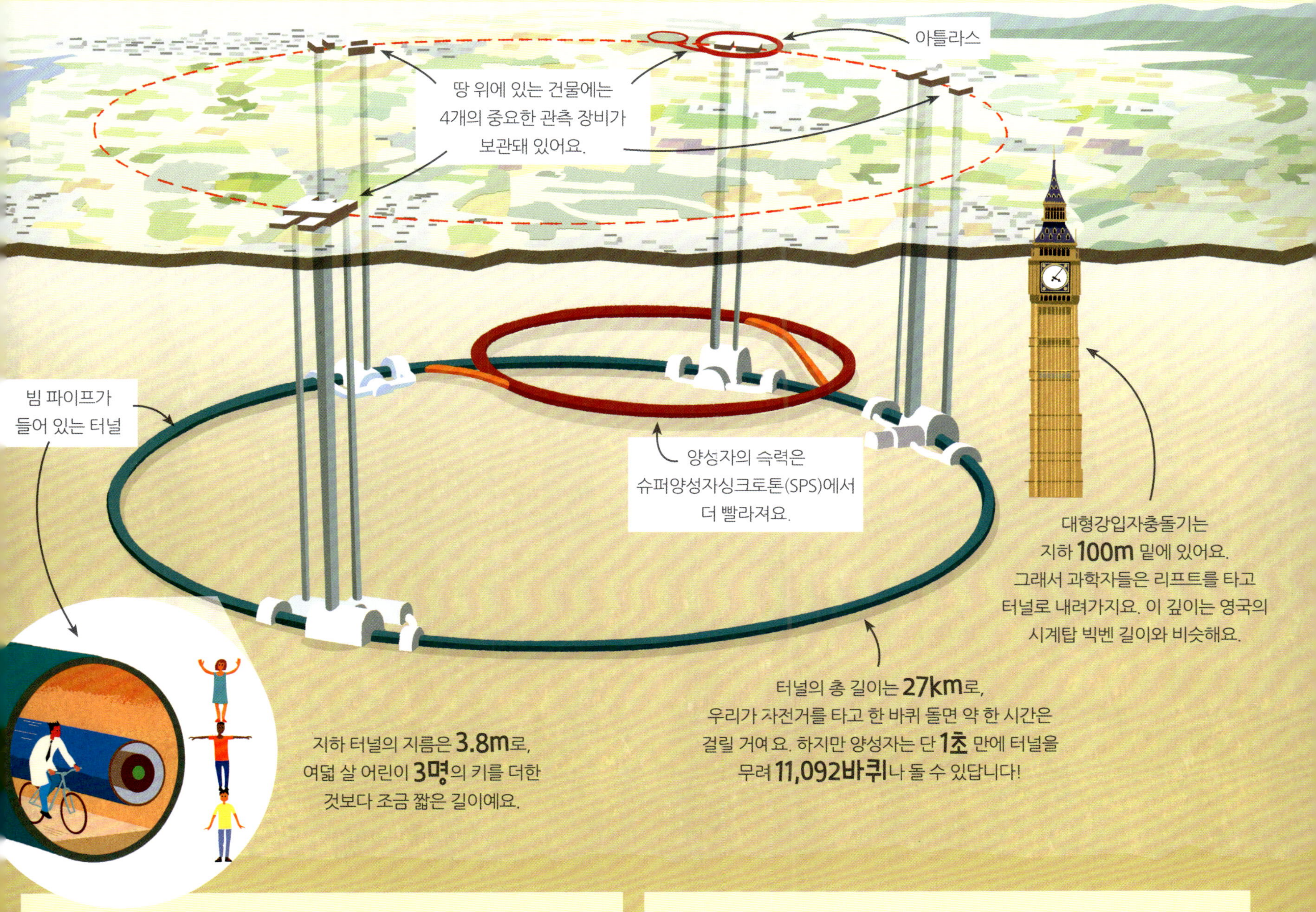

아틀라스

땅 위에 있는 건물에는 4개의 중요한 관측 장비가 보관돼 있어요.

빔 파이프가 들어 있는 터널

양성자의 속력은 슈퍼양성자싱크로톤(SPS)에서 더 빨라져요.

대형강입자충돌기는 지하 **100m** 밑에 있어요. 그래서 과학자들은 리프트를 타고 터널로 내려가지요. 이 깊이는 영국의 시계탑 빅벤 길이와 비슷해요.

지하 터널의 지름은 **3.8m**로, 여덟 살 어린이 **3명**의 키를 더한 것보다 조금 짧은 길이예요.

터널의 총 길이는 **27km**로, 우리가 자전거를 타고 한 바퀴 돌면 약 한 시간은 걸릴 거예요. 하지만 양성자는 단 **1초** 만에 터널을 무려 **11,092바퀴**나 돌 수 있답니다!

양성자는 원자 안에 있는 아주 작은 입자예요. 원자의 크기는 1나노미터(nm)의 10분의 1 정도이고, 양성자의 크기는 **1nm**의 **100만분의 1** 정도로 매우 작아요. 참고로 1nm는 1m의 10억분의 1이랍니다!

만약 양성자가 구슬 정도의 크기라고 한다면, 양성자가 속한 원자는 작은 마을만 한 크기예요.

아틀라스는 대형강입자충돌기에 포함된 4개의 거대한 관측 장비 중 하나로, 양성자 빔이 충돌할 때 어떠한 일이 일어나는지를 측정해요.

대략 **7층** 빌딩과 비슷한 높이지요.

동물의 힘 비교

사람은 생각보다 큰 힘을 가졌어요. 특히 역도 선수는 자기 몸무게의 몇 배가 넘는 무게를 번쩍 들어 올릴 수 있지요. 하지만 지금부터 소개할 동물들은 그보다 훨씬 더 엄청난 힘을 가졌어요. 헐크처럼 괴력을 가진 동물들을 만나 보세요!

사람
몸무게가 **80킬로그램(kg)**인 성인 남성이에요. 지금부터 우리가 비교할 기준이 될 거니까, 쉽게 '헐크맨'이라고 부르기로 해요!

'헐크맨'은 자기 몸무게의 **1.25배**를 들 수 있어요.

= 100kg은 대략…

비행기에 실을 수 있는 중간 크기 여행용 가방 **5개**의 무게와 비슷해요. 하지만 헐크맨처럼 특별한 경우를 빼고는 대부분 자기 몸무게와 비슷하거나 그보다 적은 무게만 들 수 있어요.

아프리카왕관독수리
이 크고 힘센 맹금류는 원숭이나 작은 포유류를 잡아먹어요. 강한 발톱으로 자기 몸무게의 **4배** 정도 되는 먹잇감을 낚아챌 수 있지요.

이것은 우리의 헐크맨이 에뮤 **8마리**를 한꺼번에 드는 것과 같아요.

고릴라
고릴라는 팔과 다리 힘이 아주 세서, 자기 몸무게의 최대 **10배**나 되는 무게를 들어 올릴 수 있어요.

이것은 헐크맨이 F1 경주용 자동차 **한 대**와 보조 타이어 **8개**를 한꺼번에 드는 것과 같아요.

가위개미
가위개미는 자기 몸무게의 최대 **50배**나 되는 큰 나뭇잎을 번쩍 들어서 집으로 가져가요. 그런 다음 잎을 잘게 잘라서 먹이를 재배하는 데 사용한답니다.

이것은 헐크맨이 코뿔소 성체 **한 마리**와 대형 승용차 **한 대**를 한꺼번에 드는 것과 같아요.

누가 누가 더 셀까?

턱 힘은 내가 최고!
바다악어가 먹이를 붙잡고 물속으로 끌고 들어갈 때 턱 힘의 압력은 무려 16,460뉴턴(N)이나 돼요. 사자나 호랑이와 비교해도 3.5배나 더 강해요.

끈질긴 사냥꾼
야자집게는 한 번 잡으면 절대 놓지 않아요. 최대 3,000N의 압력으로 붙잡는데, 사람의 손아귀 힘보다 10배나 세요.

덫을 부수는 도둑
울버린은 중간 크기의 개와 덩치가 비슷하지만, 턱으로 강철 덫을 부수고 그 안의 동물을 끌고 갈 만큼 힘이 아주 세요.

3위 장수풍뎅이

머리에 휘어진 커다란 뿔이 달린 장수풍뎅이는 힘이 센 곤충으로 유명해요. 자기 몸무게의 **100배**에 달하는 무게를 들 수 있어요.

이것은 헐크맨이 커다란 아프리카코끼리 **한 마리**와 중간 크기의 흰 코뿔소 **한 마리**를 한꺼번에 드는 것과 같아요.

2위 진드기

진드기는 길이가 고작 0.2밀리미터(mm)에 몸무게는 0.1밀리그램(mg)밖에 안 돼요. 하지만 자기 몸무게의 **530배**에 달하는 엄청난 무게를 들 수 있어요.

  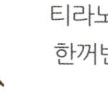

이것은 헐크맨이 티라노사우루스 **5마리**를 한꺼번에 끌어당기는 것과 같아요.

1위 괴력의 소유자 뿔소똥구리

뿔소똥구리는 자기 몸무게의 **1,141배**를 굴릴 수 있어요.

이것은 헐크맨이 보잉 757-200 여객기보다 무거운 **91,280kg**을 끌어당기는 것과 같답니다!

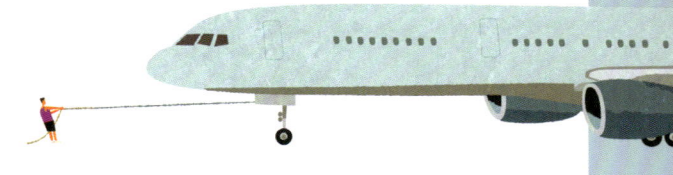

덩치가 크면 힘도 셀까?

우리는 흔히 덩치가 크면 힘도 셀 거라고 생각해요. 그런데 몸무게와 힘을 비교해 보면, 꼭 그렇지는 않다는 것을 알 수 있어요!

코끼리는 코로 **300kg**이나 들 수 있어요.

하지만 그건 겨우 코끼리 몸무게의 **20분의 1**밖에 안 돼요. 사람과 비교하면…

헐크맨 2명이 닥스훈트 한 마리를 드는 것과 같지요.

팔굽혀펴기 대장

갈라파고스 제도에 사는 라바도마뱀 수컷은 자기 영역에 들어온 다른 수컷을 위협해서 쫓아내기 위해, 열심히 팔굽혀펴기를 하며 자기 힘을 과시해요.

강철보다 강력한 줄

무시무시한 독을 품은 칠레레클루즈거미는 무수히 많은 작은 고리들로 이루어진 거미줄을 만들어요. 이 거미줄은 강철보다 최대 5배나 강력하답니다!

칭칭 감는 데 선수

아나콘다는 사슴이나 소처럼 큰 동물을 발견하면, 스르륵 다가가서 굵고 기다란 몸통으로 칭칭 감은 다음 꽉 조여서 질식시켜요.

위험한 동물 비교

세상에는 사람의 목숨을 위협하는 아주 위험한 동물들이 있어요. 가장 대표적인 무기는 '독'이에요. 하지만 독이 없어도 안심할 수는 없답니다. 대신 강력한 턱과 이빨로 물거나, 엄청난 무게로 깔아뭉개거나, 나쁜 균을 퍼트리니까요. 대체 어떤 동물들일까요?

상자해파리

모든 해파리 가운데 가장 강력한 독을 가진 종류예요. 독을 쏘는 세포로 덮여 있는 촉수를 길게 늘어트리고 흐느적흐느적 헤엄쳐 다니지요.

가장 긴 촉수는 **4.6미터(m)**까지 자라는데, 대형 SUV 길이 정도예요.

하지만 3m짜리 촉수 하나만으로도 사람을 충분히 죽일 수 있답니다.

푸른고리문어

푸른고리문어는 최대 **20센티미터(cm)**까지 자라요.

다 자란 푸른고리문어 한 마리에 들어 있는 독은…

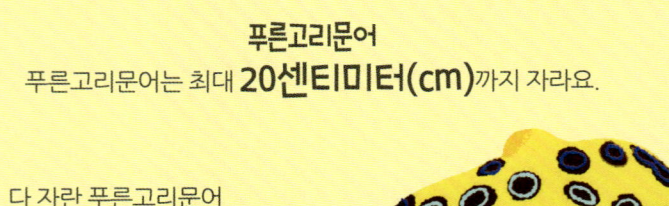

26명의 사람을 1분 만에 죽일 수 있어요.

킹코브라

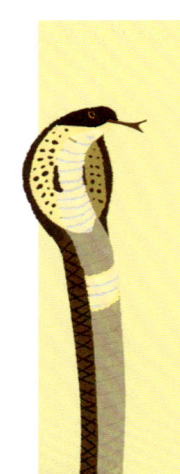

독을 가진 뱀 중에 가장 긴 킹코브라는 최대 **5.5m**까지 자라는데, 작은 트럭만 한 길이예요.

500밀리그램(mg)의 독으로 코끼리 한 마리나 최대 **20명**의 사람을 죽일 수 있어요.

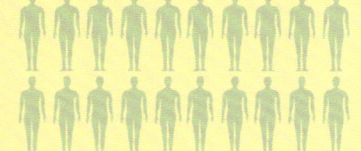

황금독화살개구리

몸집은 아주 작지만 무시무시한 독을 가진 개구리예요. 가장 큰 것의 길이가 **5.5cm**일 정도인데, 겨우 우리 새끼손가락 길이만 하지요.

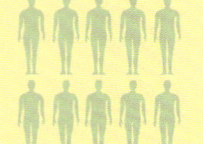

이 개구리의 피부에서는 강력한 독성 물질이 나오는데, 사람 **10명**을 죽이기에 충분하답니다.

인랜드타이판

독사의 세계에서도 왕 중 왕으로 꼽히는 뱀이에요. 단 한 번의 공격으로 사람 **100명**을 충분히 죽일 수 있지요.

다시 말해서 에어버스 A318기에 탄 승객을 거의 다 죽일 수 있다는 뜻이에요.

독은 공격용? 호신용?

꼼짝 못하게 마비시키기
미국독도마뱀은 먹잇감을 물면 아래턱의 침샘에서 독이 흘러나와요. 이 독이 먹잇감의 상처에 스며들어 온몸을 마비시키지요.

30초면 끝!
세상에서 가장 빠른 독사는 블랙맘바예요. 시속 20킬로미터(km/h)로 움직이는데, 강한 독으로 사람을 30초 안에 죽일 수 있어요.

기발한 호신술
담요문어는 독은 없지만 해파리 독을 이겨낼 수 있는 능력을 가졌어요. 그래서 고깔해파리를 잡아먹은 다음, 그 촉수를 뜯어서 들고 다니면서 적으로부터 자기 몸을 지킨답니다.

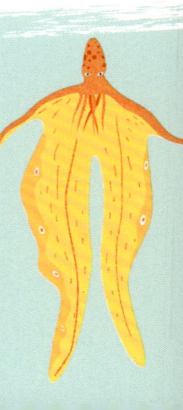

가장 위험한 동물들

우리에게 가장 위협적인 동물을 알아보려면, 각 동물이 해마다 얼마나 많은 사람을 죽게 하는지 살펴보면 돼요. 그럼 그중에서도 가장 위험한 동물을 알아낼 수 있지요! 반대로 의외로 위험하지 않은 동물도 알게 될 거예요.

조충 연간 2,000명
사람의 장 속에 사는 기생충이에요. 그중 몇몇 종류는 애벌레가 장을 빠져나가 다른 장기로 옮겨가기도 하는데, 바로 이 때문에 사람이 죽기도 해요.

체체파리 연간 1만 명
아프리카 지역의 흡혈 파리로, 심각한 수면병을 일으켜 사람을 사망에 이르게 해요.

회충 연간 2,500명
주로 작은창자에 사는 기생충이에요. 장을 비롯한 우리 몸속, 특히 폐에 치명적인 장애를 일으킬 수 있어요.

모기 연간 72만 5,000명
우리가 가장 두려워해야 할 동물 1위는 바로 모기예요! 모기는 말라리아, 뎅기열, 뇌염, 지카바이러스 등 사람의 뇌와 장기를 파괴시키는 무시무시한 병을 퍼트려서, 매년 72만 명이 넘는 사람들을 죽음에 이르게 해요.

뱀 연간 5만 명
코끼리만 봐도 알 수 있듯이, 몸집이 크다고 해서 더 위협적인 것은 아니에요. 아시아에서 가장 많은 사람을 죽인 독사도 길이가 겨우 30cm밖에 안 되는 톱비늘북살모사랍니다.

코끼리 연간 100명

악어 연간 1,000명

개 연간 2만 5,000명
개에게 물려서 사망했을 경우, 대부분의 원인은 광견병에 걸린 개에게 병균이 감염됐기 때문이에요.

하마 연간 500명

사자 연간 100명

늑대 연간 10명

상어 연간 10명

일부러 독을 먹는 새
파푸아뉴기니에 사는 두건피토휘는 딱정벌레의 한 종류인 의병벌레를 잡아먹어요. 그러면 신기하게도 의병벌레의 독이 깃털에 차곡차곡 쌓인답니다. 그래서 두건피토휘를 잡아먹는 포식자들은 독에 온몸이 마비되고 말아요.

귀여운 원숭이의 비밀
슬로로리스는 큰 눈의 귀여운 생김새와 다르게 아주 위험한 동물이에요. 누군가 자신을 괴롭히면, 팔꿈치 안쪽에 있는 비밀스러운 독샘에 입을 대 이빨에 독을 묻힌 다음 침과 섞어서 적을 물거든요!

독을 바르는 영리한 쥐
아프리카갈기쥐는 자기 자신을 보호하기 위해 온몸에 독을 발라요. 독화살나무의 껍질을 씹어서 독을 얻은 다음, 침과 섞어서 자신의 털과 가죽에 바르는 거예요. 참 영리하지요?

다섯 가지 감각 비교

우리는 빛과 소리, 냄새, 맛, 촉감을 느낄 수 있는 다섯 가지 감각, 즉 '오감'을 가지고 있어요. 덕분에 일상생활 속에서 다양한 정보를 얻을 수 있지요. 하지만 몇몇 동물들과 비교하면 우리 능력은 아무것도 아니에요. 동물들의 놀라운 능력을 살펴보세요.

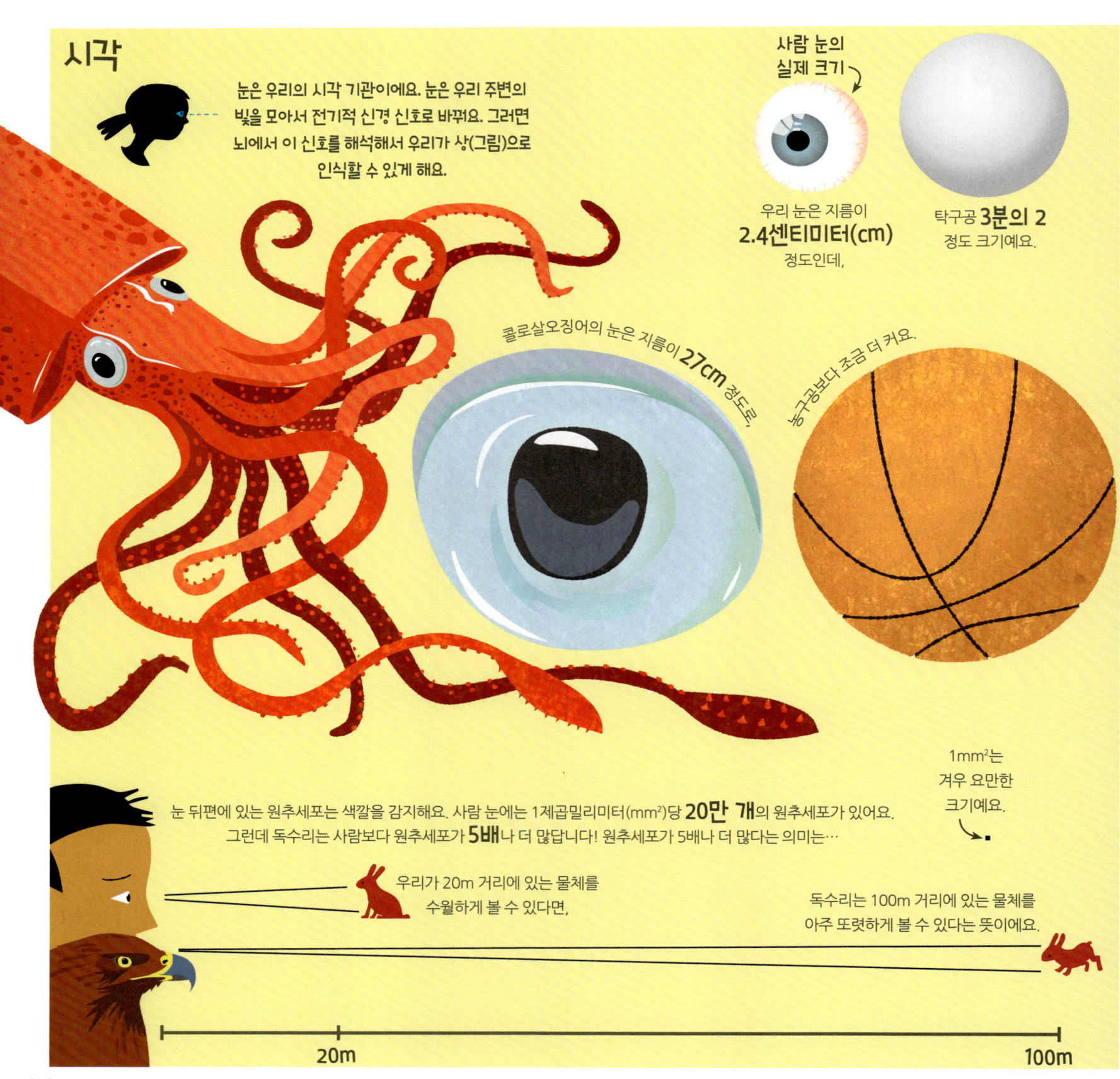

시각

눈은 우리의 시각 기관이에요. 눈은 우리 주변의 빛을 모아서 전기적 신경 신호로 바꿔요. 그러면 뇌에서 이 신호를 해석해서 우리가 상(그림)으로 인식할 수 있게 해요.

사람 눈의 실제 크기 →

우리 눈은 지름이 **2.4센티미터(cm)** 정도인데,

탁구공 **3분의 2** 정도 크기예요.

콜로살오징어의 눈은 지름이 **27cm** 정도로,

농구공보다 조금 더 커요.

눈 뒤편에 있는 원추세포는 색깔을 감지해요. 사람 눈에는 1제곱밀리미터(mm²)당 **20만 개**의 원추세포가 있어요. 그런데 독수리는 사람보다 원추세포가 **5배**나 더 많답니다! 원추세포가 5배나 더 많다는 의미는…

1mm²는 겨우 요만한 크기예요. ↘

우리가 20m 거리에 있는 물체를 수월하게 볼 수 있다면,

독수리는 100m 거리에 있는 물체를 아주 또렷하게 볼 수 있다는 뜻이에요.

20m   100m

청각

우리 귀는 공기를 통해 이동하는 음파를 모아요. 이 음파는 헤르츠(Hz)라는 단위로 측정해요.

낮은 헤르츠는 낮은 소리를 의미해요. → 높은 헤르츠는 높은 소리를 의미하지요.

0Hz 100 1,000 10,000 100,000

사람이 들을 수 있는 소리 범위
20~20,000Hz

사람은 20Hz의 낮은 소리부터 2만Hz의 높은 소리까지 들을 수 있어요.

고양이가 들을 수 있는 소리 범위
45~64,000Hz

고양이는 귀를 180도(°) 움직일 수 있어서, 사람이 들을 수 있는 것보다 **3배** 더 높은 소리를 들을 수 있어요.

코끼리가 들을 수 있는 소리 범위
16~12,000Hz

코끼리는 우리가 들을 수 없는 매우 낮은 소리도 들을 수도 있어요. 이 소리를 '초저주파'라고 해요.

후각

우리 콧속에는 수백만 개의 후각수용체가 있어요. 이 세포들은 수조 개의 다른 냄새를 감지할 수 있답니다.

우리 코에는
5백만~6백만 개의 후각수용체가 있어요.

VS

블러드하운드 코에는
2억 2천만 개에서 **3억 개**의 후각수용체가 있어요. 덕분에 사람보다 후각이 최소 **1,000배**는 더 뛰어나요.

그래서 블러드하운드는 여러 가지 냄새가 뒤섞여 있는 곳을 지나면서도, 단 한 가지 냄새를 쫓아 **208킬로미터(km)**나 갈 수 있어요.

미각

우리 혀에는 '미뢰'라는 감각기관이 있어요. 맛을 느끼는 세포가 모여 있어서, 음식의 맛을 보고 뇌에 정보를 전달하지요.

우리 혀에는
2,000~8,000개의 미뢰가 있어요.

VS

메기는 **25만 개**의 미뢰가 온몸을 뒤덮고 있어요. 그래서 앞이 잘 보이지 않는 흙탕물 속에서도 먹잇감을 잘 찾아낼 수 있지요!

촉각

우리 피부에는 1제곱센티미터(cm²)당 **200개**가 넘는 촉각수용체가 있어요.

이 예민한 기관은 우리 몸이 눌렸을 때나 다쳤을 때의 감각, 뜨거움, 차가움 등을 느낄 수 있어요. 그런데 별코두더지는 코에만 무려 1cm²당 **27,174개**의 촉각수용체가 있어요!

생물의 생명력 비교

우리는 주변에서 마실 것이나 먹을 것, 쉴 곳을 쉽게 찾을 수 있어요. 하지만 어떤 생물들은 우리가 경험하지 못한 아주 극한 환경 속에서도 꿋꿋이 살아간답니다. 그 생물들에 대해 알아봐요.

사막에 사는 캥거루쥐
캥거루쥐는 건조한 사막 지역에 살아서 물을 구하기가 어려워요. 하지만 걱정 없어요. 다행히 사막 식물 속에 들어 있는 수분을 먹는 것으로 충분하거든요! 그래서 평생 물을 직접 마시지 않고도 살아갈 수 있답니다.

홍수에도 살아남는 불개미
홍수가 나면 불개미처럼 자그마한 생물은 순식간에 떠내려가고 말아요. 하지만 불개미 떼는 달라요. 수천 마리의 개미가 재빨리 다리를 걸어서 커다란 덩어리를 만든 다음, 뗏목처럼 둥둥 떠다닌답니다. 이 상태로 몇 주를 버틸 수 있어요.

방사선을 이겨내는 세균
방사능은 생물의 DNA를 파괴시키는 매우 위험한 물질이에요. 그런데 데이노코쿠스 라디오두란스는 스스로 끊어진 DNA 조각을 수리할 수 있어요. 그래서 크기는 겨우 0.003밀리미터(mm)이지만, 성인의 **1,000배** 이상 방사능에 강해요.

완보동물

완보동물은 물에 사는 무척추동물로, 놀라우리만큼 강한 생명력으로 유명해요. 길이는 1.5mm밖에 안 되는 아주 작은 생물이지만, 어떤 극한 상황에 내몰려도 의연하게 대처하며 잘 살아간답니다.

추위
완보동물은 **영하 200도(℃)** 이하에서도 살아남을 수 있어요. 참고로 우리가 집에서 쓰는 냉동고의 최저 온도는 영하 20℃예요.

더위
완보동물은 **151℃**에서도 살아남는 것으로 알려져 있어요. 물의 끓는점보다 1.5배 높은 온도이지요.

건조
사람은 물 없이는 1주일도 버티기 힘들지만, 완보동물은 물이 없는 건조한 환경에서 **10년** 넘게 살아남을 수 있어요. 몸속에 수분이 쭉 빠져서 메마르면 마치 겨울잠을 자듯이 가사 상태에 빠졌다가, 수분이 보충되면 다시 생생해지지요!

압력
과학자들은 완보동물이 심해 밑바닥의 **6배**나 되는 압력도 견뎌낼 수 있을 거라고 생각해요.

우주
2007년, 완보동물을 산소가 없는 우주로 데려가서 10일 동안 지켜봤어요. 그랬더니 놀랍게도 많은 수가 살아남았어요!

극한 상황 생존기 : 사람 편

경이로운 추락
1944년, 랭커스터 폭격기의 후방 기관총 사수였던 니콜라스 알케메이드는 불에 타서 죽는 것보다는 뛰어내리는 것이 낫겠다는 생각에 에펠탑 17개 높이인 5,500m 상공에서 낙하산도 없이 뛰어내렸어요. 그런데 놀랍게도 뼈 하나 부러지지 않고 멀쩡하게 살아남았답니다. 나뭇가지에 3번이나 부딪치면서 떨어지는 속력이 줄고, 45cm나 쌓인 눈밭에 파묻힌 덕분이었지요.

겨울잠에 빠진 사람
2006년, 후치코시 미쓰타카는 일본 롯코 산 비탈길에서 구르면서 골반을 다치는 바람에 24일 동안이나 꼼짝없이 누워 있었어요. 구조대원들이 그를 발견했을 때는 맥박이 희미하고 체온은 22℃로 떨어진 상태로 잠에 빠져 있었답니다. 과학자들은 몸이 스스로를 보호하기 위해 정상적인 시스템을 차단한 게 아닐까 추측했어요. 꼭 동물들이 겨울잠을 자는 것처럼 말이에요!

먹을 것이 없다면?

우리를 포함한 많은 생물들이 매일 먹을 것을 섭취하고 에너지를 채워요. 그런데 몇몇 생물들은 먹을 것이 없어도 꽤 오랜 기간을 살아남을 수 있답니다. 옆의 땃쥐부터 천천히 따라가 보세요.

땃쥐
대부분의 땃쥐류는 먹이를 먹지 못하면 겨우 **몇 시간** 안에 죽어요.

사람
사람은 보통 먹을 것이 없어도 **35~40일**을 버틸 수 있어요. 하지만 물은 달라요. 물 없이는 **3~5일**을 살아남기도 힘들어요.

황제펭귄
황제펭귄 암컷은 알을 낳으면 바로 수컷에게 맡긴 뒤 먹이를 구하러 바다로 떠나요. 그러면 수컷은 아무 것도 먹지 못한 채 알을 돌보며 암컷이 돌아오기만을 기다리지요. 길게는 **120일**을 버틸 수 있고, 그 기간 동안 몸무게가 40퍼센트(%)나 줄어들어요.

빈대
빈대는 보통 사람의 피를 빨아 먹고 살아요. 하지만 피를 먹지 않고도 **60~90일**을 살아남을 수 있어요.

낙타
낙타 등에 있는 혹은 물이 아닌 지방으로 가득 차 있어요. 무게가 거의 40킬로그램(kg) 가까이 되는데, 낙타는 먹을 것이 없으면 이 지방으로 에너지를 채우면서 최대 **60일**까지 버틸 수 있어요. 대신 혹의 크기가 점점 줄면서 아래로 처지지요.

혹등고래
이 거대한 고래는 플랑크톤, 크릴, 작은 물고기 등을 하루에 1,360톤(t)이나 먹어 치워요. 암컷은 극지방의 차가운 바다에서 약 120일 동안 먹이를 잔뜩 먹은 다음 새끼를 낳으러 열대 바다로 떠나는데, 새끼를 낳고 젖을 먹이는 **120~180일** 동안은 거의 아무것도 먹지 못해요.

북극곰
엄마 북극곰은 새끼를 낳은 뒤 눈 동굴에서 **120~240일** 정도를 아무 것도 먹지 않으며 새끼를 보살펴요. 몸속에 미리 축적해둔 지방 덕분에 가능한 일이지요.

아프리카비단구렁이
많은 뱀들은 몇 달 동안 먹이를 먹지 않고도 살 수 있어요. 대표적인 예로 아프리카비단구렁이는 한 끼를 배불리 먹으면, 그 뒤로 **1년**은 아무것도 먹지 않고 버틸 수 있답니다. 이 커다란 뱀은 길이가 평균 3~5미터(m)로 하이에나, 원숭이, 심지어 작은 악어까지 통째로 삼켜버려요.

동굴도롱뇽붙이
이 희한한 종류의 양서류는 동유럽의 어두운 동굴 속에 살아요. 보통 30센티미터(cm) 자 길이만큼 길게 자라고, 아무것도 먹지 않은 채 **10년**을 살 수 있답니다.

아프리카폐어
아프리카폐어는 가뭄이 들면 말라버린 호수 밑바닥에 굴을 파고 들어가요. 그런 다음 호수에 물이 찰 때까지, 먹이도 물도 먹지 않고 무려 **5년** 동안이나 겨울잠을 자는 것 같은 상태로 지낸답니다.

악어
뱀이나 개구리 같은 많은 변온동물들처럼, 악어 역시 먹이가 없어도 살아남을 수 있도록 몸속의 신진대사를 느리게 만들 수 있어요. 실제로 **2년** 동안 한 끼도 먹지 않고 살아가는 악어가 발견되기도 했어요.

초콜릿 바와 애벌레
1992년 겨울, 호주 등반가 제임스 스캇은 히말라야 산맥에서 길을 잃고 43일 동안 홀로 살아남았어요. 대부분의 시간을 절벽의 툭 튀어나온 바위 밑에서 보내며 눈 녹인 물과 초콜릿 바 2개, 애벌레를 식량 삼아 근근이 버텼지요.

구조대원 벨루가
2009년, 중국의 양원은 대형 수족관에서 열린 다이빙 대회에 참가했어요. 자가 호흡기 없이 6m 깊이의 차가운 물속에 뛰어들어서 오래 버티는 대회였는데, 그만 양원의 다리에 쥐가 나고 말았어요. 그래서 물 밖으로 나오지 못하고 그대로 가라앉고 있었는데, 갑자기 수족관 안에 있던 흰돌고래 벨루가가 양원의 다리를 물고 위로 밀어 올렸어요. 덕분에 양원은 목숨을 구할 수 있었답니다.

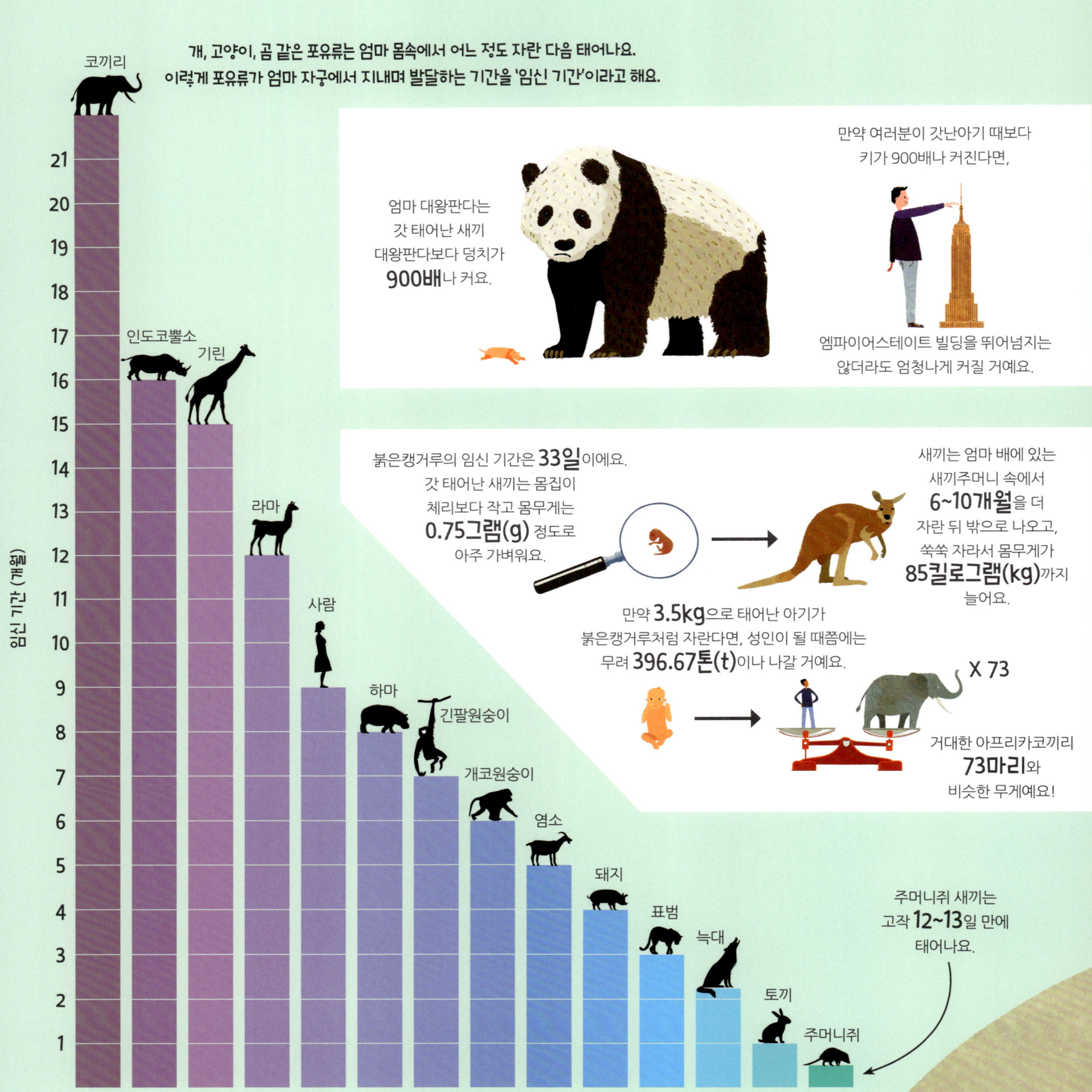

사람은 태어난 몸무게의 2배가 되기까지 **180일**이 걸려요.

그런데 말은 태어난 지 **60일** 만에 몸무게가 2배로 늘어요. 사람보다 3배나 빠르지요!

잔점박이물범은 몸무게가 2배가 되기까지 **28일** 걸리고,

토끼는 겨우 **6일** 걸린답니다!

만약 3.5kg으로 태어난 아기가 토끼처럼 6일 만에 몸무게가 2배로 는다면…

3개월 하고 **12일**이 지나면 대왕고래 3마리보다 훨씬 무거워질 거예요!

빠른 속도로 자라는 생물은 식물 세계에도 있어요.
해조류인 자이언트켈프는 축구장 길이의 절반 정도인 **53미터(m)**까지 자라요.

자이언트켈프는 하루에 최대 **60센티미터(cm)**씩 자라요. 만약 여러분이 자이언트켈프처럼 쑥쑥 큰다면…

6개월 하고 **15일** 만에 세계에서 키가 가장 큰 나무인 히페리온보다도 크게 자랄 거예요.

다양한 크기의 알

포유류를 뺀 많은 생물이 '알'에서 자라요. 생물의 종류가 다양한 만큼 알의 크기도 제각각이지요. 아래를 보세요!

헬레나벌새
6.35 X 3mm

푸른박새
16 X 12mm

꼬까울새
20 X 15.5mm

텍사스거북
41.5 X 34mm

붉은바다거북
41 X 41mm

붉은바다거북은 한 번에 **100개** 이상의 알을 낳아요.

닭 (중간 크기)
55 X 40~48mm

캐나다기러기
86 X 58mm

타조
150 X 130mm

타조알 한 개는 무게가 **1.4kg**이 넘어요. 작은 달걀 **28개**의 무게와 비슷하지요.

사람은 그 어떤 생물보다도 어린 시절이 길어요. 단, 척추동물 가운데 가장 오래 사는 것으로 알려진 그린란드상어는 빼고요. 우리나라에서는 **만 19세**가 지나야 성인이 되지요.

오랑우탄은 그린란드상어와 사람 다음으로 어린 시절이 길어요. 태어나서 **8년** 동안은 부모에게 의지해서 살아가요.

송사리류인 킬리피시는 겨우 **17일** 만에 성체가 돼서 번식이 가능해져요.

무덤새는 알을 깨고 나오자마자 홀로서기를 시작해요. 단 **24시간** 만에 혼자서 나는 방법을 깨우친답니다.

 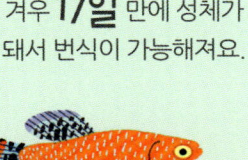 

에피오르니스
390 X 326mm

지금까지 가장 큰 새알은 마다가스카르에 살았던 거대한 새가 낳은 알이에요. 알 하나의 무게가 **12kg**이 넘어서, 아마 오믈렛 **100개**도 만들 수 있었을 거예요! 안타깝게도 이 새는 17세기에 멸종해서 지금은 볼 수 없어요.

생물의 수명 비교

지구에 사는 생물의 종류가 다양하듯 수명도 다 달라요. 안쪽의 빨간 점부터 시작해 뱅글뱅글 돌아가는 소용돌이 위의 주황색 점을 따라 가며, 수명이 가장 짧은 생물과 가장 긴 생물에 대해 알아봐요!

400년
그린란드상어는 최소 272년을 살고, 길게는 500년까지도 살 수 있어요. 약 150살이 돼야 번식을 할 수 있는 성체가 돼요.

빨리 마감하는 생
애기장대는 5~7주 이상 살지 못해요. 그 사이 최대 30~40센티미터(cm)로 자라고 10,000개의 씨앗을 만들어내지요.

2~2.5년
시리안햄스터는 애완동물로 인기가 높아요.

공식적으로 세계에서 가장 오래 산 사람은 프랑스 사람인 잔 칼망 할머니예요. 에펠탑이 세워지기도 전인 1875년에 태어나서 1997년까지, 무려 122년 하고도 164일을 사셨지요!

9~12개월
땃쥐는 야생 포유류 가운데 수명이 가장 짧은 편이에요.

4~5일
복모강에 속하는 미생물 중 일부는 단 3일 만에 알에서 성체가 되는데, 하루나 이틀이 지나면 죽고 말아요.

71.5년
2015년에 태어난 전 세계 사람들의 평균 기대수명은 71.5세예요.

뉴질랜드 사우스랜드 박물관 겸 미술관에 사는 헨리라는 이름의 옛도마뱀은 2017년에 120번째 생일을 맞이했어요.

24시간
하루살이는 우리가 아는 모든 생물 가운데 성체로 보내는 시간이 가장 짧아요.

60년 이상
뉴질랜드에 사는 옛도마뱀의 평균 수명은 60년인데, 몇몇은 훨씬 더 오래 살기도 해요.

100~200일
독일바퀴벌레는 수명이 긴 편은 아니에요. 하지만 생명력이 매우 강해서, 머리가 잘려도 1주일을 살아 있을 수 있답니다.

60~70년
아시아코끼리의 평균 수명은 60~70년 정도예요.

50~60년
부채유황앵무는 평균 50~60년을 사는데, 83년까지 산 새도 있었어요.

가장 오래된 포도덩굴
슬로베니아의 한 포도덩굴은 대략 **400~500년** 정도 살았을 것으로 짐작돼요. 그런데 아직도 해마다 35~55킬로그램(kg)의 포도가 열린답니다.

할아버지 소나무
미국 캘리포니아 주에 있는 브리슬콘소나무는 2017년까지 **5,067년**을 살았고, 지금도 계속해서 나이를 먹고 있어요. 아마도 고대 이집트 초기쯤에 심겼을 거예요.

딱 2장의 잎
나미브 사막에서 자라는 웰위치아는 복잡하게 헝클어진 덩굴처럼 생겼지만 사실은 딱 2장의 잎을 가진 식물이에요. 단지 사막의 매서운 바람에 갈기갈기 찢겨서 이런 모습이 된 것뿐이지요. 이 식물 중 일부는 **1,500년**도 넘게 살았을 것으로 추정돼요.

100년
코끼리거북은 보통 100년 정도 살아요. 하지만 일부는 200년까지도 산답니다.

사람들은 조나단이라는 이름의 코끼리거북이 2017년에 185살이 되었을 것으로 짐작해요. 세계 최장수 거북이지요! 조나단은 1882년에 세이셸에서 대서양의 세인트헬레나 섬으로 옮겨진 뒤 쭉 그곳에서 살고 있어요.

500년 이상
조개는 아주 오랫동안 살 수 있어요.

밍이라는 이름이 붙은 대양백합조개는 2006년 아이슬란드에서 발견됐어요. 그런데 과학자들이 507살이던 밍을 냉동고로 옮기자 곧장 죽고 말았지요. 밍은 1499년에 태어났는데, 이는 우리나라로 보면 조선 제10대 왕 연산군이 재위하던 시기예요. 얼마나 먼 옛날인지 알겠지요?

4~5개월
라보드카멜레온은 알 상태로 8~9개월을 보내요. 하지만 알에서 깨서 성체가 된 뒤 죽기 전까지의 시간은 고작 4~5개월밖에 되지 않아요.

150년
북극고래는 모든 고래 가운데 가장 오래 살아요.

2007년, 몸속에 19세기 작살이 들어 있는 북극고래가 발견됐어요. 또한 과학자들이 발견한 어느 북극고래는 나이가 무려 211살일 것으로 추정돼요.

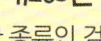

4,265년
해송의 한 종류인 검은산호는 수심 수천 미터가 되는 깊은 바닷속에 살아요. 2009년 한 연구 결과에 따르면, 하와이 섬 근처에서 발견된 검은산호는 4,000년 이상 산 것으로 나타났어요.

35~40년
야생 고릴라의 평균 수명이에요.

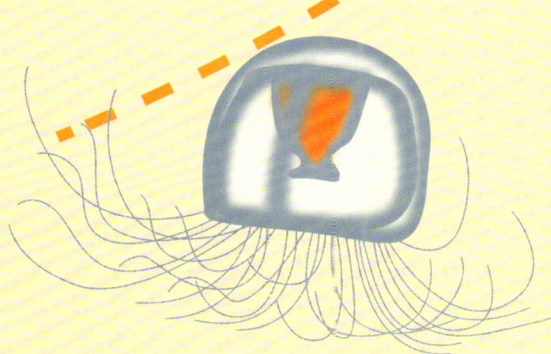

?
작은보호탑해파리는 매우 특이한 해파리예요. 처음에는 전혀 다른 모습의 유생으로 태어났다가, 시간이 지나면 덜 자란 상태인 폴립으로 변해 바다 밑바닥에 찰싹 붙어 있어요. 그러다 마침내 완전한 성체가 되지요. 그런데 보통의 해파리들은 번식이 끝나면 죽음을 맞이하는데, 작은보호탑해파리는 다시 폴립으로 돌아가요. 거꾸로 어려지는 것이지요. 그리고 이 과정을 무한히 반복한답니다. 다시 말해 사고만 당하지 않으면 영원히 사는 거예요!

지구의 역사 비교

지구의 역사를 살펴보려면 지금으로부터 약 45억 5천만 년을 거슬러 올라가야 해요. 하지만 이토록 엄청난 시간은 상상하기도 어려워요. 그 대신 지구의 긴 역사를 1년으로 압축해서 살펴보기로 해요!

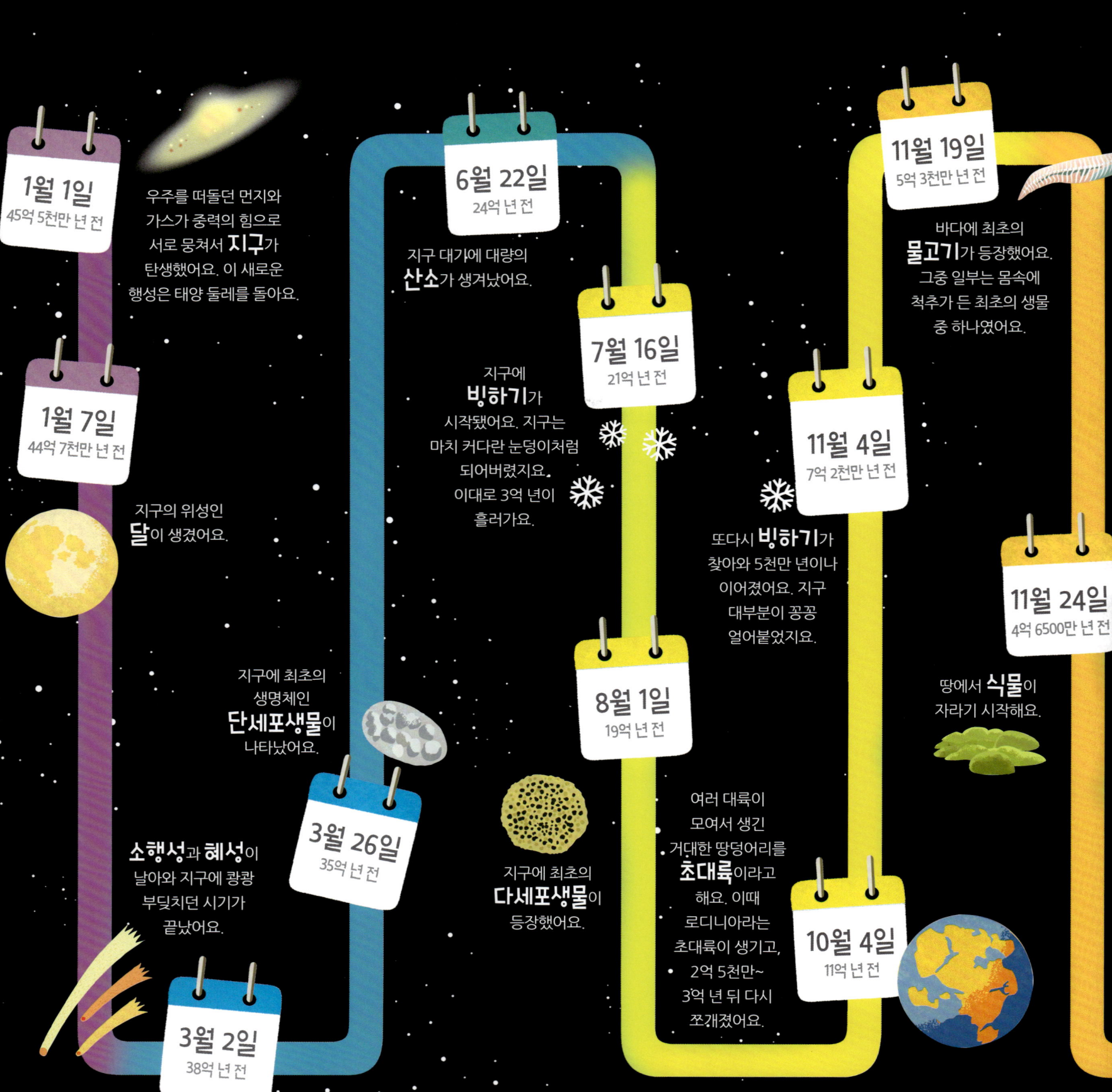

1월 1일 — 45억 5천만 년 전
우주를 떠돌던 먼지와 가스가 중력의 힘으로 서로 뭉쳐서 **지구**가 탄생했어요. 이 새로운 행성은 태양 둘레를 돌아요.

1월 7일 — 44억 7천만 년 전
지구의 위성인 **달**이 생겼어요.

3월 2일 — 38억 년 전
소행성과 **혜성**이 날아와 지구에 쾅쾅 부딪치던 시기가 끝났어요.

3월 26일 — 35억 년 전
지구에 최초의 생명체인 **단세포생물**이 나타났어요.

6월 22일 — 24억 년 전
지구 대기에 대량의 **산소**가 생겨났어요.

7월 16일 — 21억 년 전
지구에 **빙하기**가 시작됐어요. 지구는 마치 커다란 눈덩이처럼 되어버렸지요. 이대로 3억 년이 흘러가요.

8월 1일 — 19억 년 전
지구에 최초의 **다세포생물**이 등장했어요.

10월 4일 — 11억 년 전
여러 대륙이 모여서 생긴 거대한 땅덩어리를 **초대륙**이라고 해요. 이때 로디니아라는 초대륙이 생기고, 2억 5천만~3억 년 뒤 다시 쪼개졌어요.

11월 4일 — 7억 2천만 년 전
또다시 **빙하기**가 찾아와 5천만 년이나 이어졌어요. 지구 대부분이 꽁꽁 얼어붙었지요.

11월 19일 — 5억 3천만 년 전
바다에 최초의 **물고기**가 등장했어요. 그중 일부는 몸속에 척추가 든 최초의 생물 중 하나였어요.

11월 24일 — 4억 6500만 년 전
땅에서 **식물**이 자라기 시작해요.

공룡이 지구를 지배하는 시대가 열렸어요. 그런데 지구 역사를 1년으로 본다면, 공룡의 시대는 겨우 11일 뿐이었어요.

12월 15일 2억 년 전

12월 19일 1억 5천만 년 전

깃털 달린 공룡의 한 종류로부터 진화한 최초의 **새**가 등장했어요.

파충류로부터 진화한 최초의 **공룡**이 나타났어요.

12월 13일 2억 3천만 년 전

지구에 처음으로 **꽃**이 피었어요.

12월 21일 1억 3천만 년 전

초기 대륙들이 모두 모여서 **판게아**라는 거대한 초대륙을 만들었어요.

12월 7일 3억 년 전

지금의 우리와 비슷한 **호모 사피엔스**가 등장했어요.

12월 31일 30만 년 전
23:25:20

원숭이로부터 진화한 최초의 **유인원**이 등장했어요. 시간이 지나 몇몇 종은 고릴라로 진화하고, 몇몇은 **사람**의 조상이 되지요.

12월 29일 2500만 년 전

거대한 **행성**이 지구와 충돌했어요. 지구 온도가 급격하게 변하면서, 지구에서 공룡이 **멸종**하게 됐지요.

12월 26일 6500만 년 전

이집트 대피라미드 건설이 시작됐어요.

12월 31일 기원전 2560년
23:59:27

12월 31일 기원전 776년
23:59:40

고대 그리스에서 최초의 올림픽이 열렸어요.

12월 31일 기원전 117년
23:59:46

트라야누스 황제의 통치 아래, 고대 로마 제국은 영토를 최대로 넓혔어요.

23:59:54

5...
1347~1351년
유럽에 강력한 전염병인 페스트가 퍼져, 수백만 명의 사람이 사망했어요.

23:59:55

HAPPY NEW YEAR!
지금 지구에 살고 있는 우리 모두는 12월 31일의 가장 마지막 순간에 태어난 셈이에요! 해피 뉴 이어!

1...
1969년
인류가 최초로 달에 발을 디뎠어요.
23:59:59

2...
1789년
프랑스 혁명이 시작됐어요.
23:59:57

3...
1603년
세계적인 극작가 셰익스피어의 명작《햄릿》이 처음 출판됐어요.
23:59:56

4...
1492년
콜럼버스가 대서양을 건너 카리브 해의 여러 섬으로 최초의 항해를 했어요.

'비교'하는 어린이를 위한 추천 웹사이트

다양한 사물을 비교할 수 있는
The Measure of things
https://themeasureofthings.com

재밌는 정보로 가득한 '사물의 측정' 검색 엔진이에요. 세상에 얼마나 많은, 얼마나 긴, 얼마나 먼, 얼마나 큰, 얼마나 높은, 얼마나 무거운 것들이 있는지 궁금할 때 이 웹사이트를 이용해 보세요. 검색창에 측정값과 단위를 입력하면 다양한 사물들을 비교해볼 수 있어요. 예를 들어 검색창에 500kg을 입력하면, 500kg은 무거운 북극곰이나 무거운 회색곰, 또는 그랜드 피아노와 비슷한 무게라는 것을 알려준답니다.

지구와 우주의 놀라운 정보가 가득한
BBC Earth
https://www.bbcearth.com

"여러분 눈앞에 펼쳐진 일상적인 세상을 넘어서, 있는 그대로의 놀라운 세상을 경험해 보세요!" BBC 지구팀의 이야기처럼, 이 웹사이트는 우리가 사는 지구의 과거부터 지금까지, 그리고 그 너머의 커다란 우주에서 일어난 경이로운 사건과 놀라운 생물들의 이야기가 가득 담겨 있답니다. 상상도 하지 못했던 세상의 여러 모습을 살펴보세요. 페이스북과 트위터, 인스타그램에서도 BBC 지구팀의 소식을 만나볼 수 있어요.

전 세계의 기상 기록을 모아둔
Global Weather & Climate Extremes Archive
https://wmo.asu.edu/content/world-meteorological-organization-global-weather-climate-extremes-archive

세계기상기구(World Meteorological Organization)가 전 세계에서 일어난 기상 현상에 관한 기록을 모아두는 날씨 자료실이에요. 특히 이 페이지에 들어가면 기온, 기압, 비, 우박, 바람, 번개 같은 다양한 기상 현상의 최고 기록과 최저 기록 등을 살펴볼 수 있어요. 또한 가장 오래 지속된, 가장 힘이 셌던, 지름이 가장 컸던, 바람이 가장 셌던 토네이도와 사이클론 기록도 있답니다. 학자들도 세계 기상 기록을 알아보기 위해 방문하는 중요한 사이트예요.

단위를 변환해서 계산해주는
Convert-Me
https://www.convert-me.com/en

단위는 종류가 정말 다양해요. 그래서 같은 길이를 0.1km, 100m, 10,000cm처럼 다양하게 나타낼 수 있지요. 게다가 우리가 사용하는 단위 대신 인치(in), 피트(ft), 야드(yd), 마일(mi) 같은 낯선 단위를 주로 사용하는 나라도 있답니다. '컨버트-미'는 이런 문제를 쉽게 해결할 수 있도록 도와주는 웹사이트예요. 길이, 무게, 넓이, 속도, 부피, 기온 등 우리가 일상생활에서 자주 활용하는 단위는 물론이고 요리, 컴퓨터, 공학 분야 등에서 사용하는 여러 단위를 아주 쉽고 빠르게 변환해서 계산해 주거든요. 숫자를 넣고 'convert-me' 버튼만 누르면, 환산이 끝!

거대한 우주의 규모를 실감할 수 있는 플래시 게임
Scale of the Universe 2
https://htwins.net/scale2

이 웹사이트는 정말 멋진 시각 자료로 가득해요. 먼저 '언어'를 선택하고 다음 페이지에서 '시작' 버튼을 누르면, 아주 작은 세계부터 아주 거대한 세계까지 여행할 수 있는 창이 열려요. 마음의 준비를 한 다음 아래에 있는 스크롤바를 좌우로 움직이면서 그림을 줄이고 늘려 보세요. 아주 작은 원자의 일부에서부터 우리가 아는 가장 큰 별과 은하계까지, 빛보다 빠른 속도로 우주를 탐험하게 된답니다! 각 그림을 클릭하면 자세한 설명도 볼 수 있어요.

물체의 크기에 관한 다큐멘터리 영화
Powers of Ten
https://www.eamesoffice.com/the-work/powers-of-ten

1977년에 제작된 <파워즈 오브 텐>은 미국의 유명한 가구 디자이너 찰스 임스와 레이 임스가 만든 9분짜리 다큐멘터리 영화예요. 이 영화는 시카고 공원에서 피크닉을 즐기고 있는 남녀의 모습을 1m 상공에서 찍은 장면으로 시작하는데, 카메라가 10초마다 10배씩 멀어져 최종적으로 10^{24}m(1억 광년)에 다다르면서 우리 눈앞에 지구, 태양계, 은하계가 차례로 나타났다가 사라져요. 그 뒤로는 다시 카메라가 지상으로 점점 가까워지더니, 거꾸로 사람 손등을 10^{-16}m까지 확대시켜서 피부세포, 세포핵, 원자, 원자핵까지 보여준답니다. 무려 30년 전의 영화이지만 '문화적, 역사적, 미학적으로 의미 있는 작품'이라고 인정받은 유명한 작품이니, 꼭 한 번 보세요. 정말 멋져요!

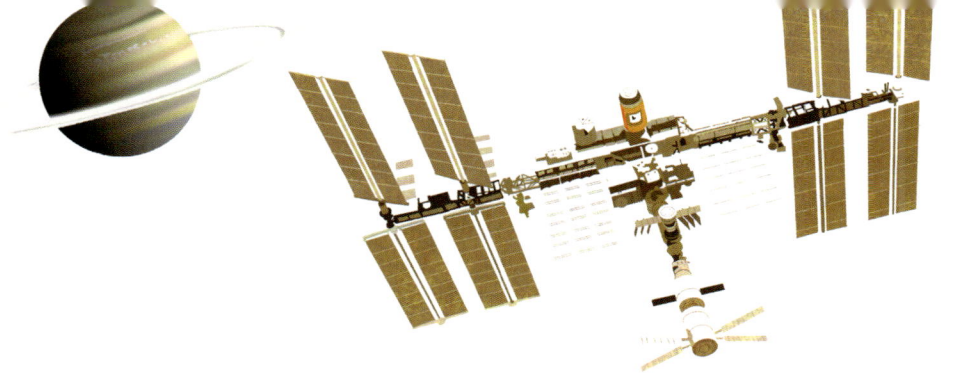

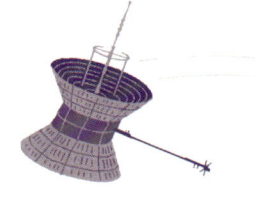

어린이를 위한 정보가 가득한
Britannica Kids
https://kids.britannica.com

오랫동안 세계 최고의 백과사전으로 군림해 온 브리태니커 백과사전(Britannica encyclopaedia)의 어린이를 위한 웹사이트예요. 브리태니커의 명성에 맞게 신뢰할 만한 정보들이 가득한 것은 물론이고 어린이들이 엄마, 아빠의 도움 없이 직접 읽고 이해할 수 있도록 5세 이하, 6~8세, 9세 이상으로 섹션을 나누어 연령에 맞는 수준별 콘텐츠를 제공하고 있어요. 다양한 주제의 정보가 가득하기 때문에 학교 과제의 자료를 찾기에 좋은 사이트랍니다.

세계지도 속에서 국토 면적을 비교하는
The True size
https://thetruesize.com

검색창에 한 나라의 이름을 입력해보세요. 예를 들어 KOREA라고 입력하면 북한과 우리나라의 국토 면적이 서로 다른 색깔로 표시돼요. 이번엔 CHINA를 입력해 볼까요? 그럼 엄청난 크기의 중국 면적이 또 다른 색깔로 표시된답니다. 이제 우리나라를 클릭하고 북한 지도 위로, 중국 지도 위로, 또 다른 나라들의 지도 위로 옮기면서 나라 크기를 비교해 봐요. 숫자로 비교하는 것보다 훨씬 쉽고 직관적이기 때문에, 아주 유용한 사이트예요.

우주에 관한 모든 것을 알려주는
Ask an Astronomer
https://coolcosmos.ipac.caltech.edu/asks

"천문학자에게 물어 보아요!"라는 주제의 홈페이지로, 사람들이 우주와 천문학에 관해 가장 궁금해 하는 수십 가지 질문이 소개돼 있어요. 지구, 소행성, 블랙홀, 혜성, 은하 등 주제별로 나뉜 질문을 클릭하면 최고의 천문학자들과 미국항공우주국(NASA) 과학자들의 답변을 볼 수 있답니다.

CIA가 수집한 전 세계 정보가 담겨 있는
The World FACTBOOK
https://www.cia.gov/the-world-factbook

'월드 팩트북'은 미국중앙정보국(CIA)에서 전 세계 국가들의 정보를 확인하고 참고하기 위해 매년 정기적으로 발간하는 책이에요. 세계 262개국의 국기, 지도, 지리, 인구, 정치, 경제, 사회, 교통, 에너지 등 다양한 분야에 대한 정보가 끊임없이 업데이트되기 때문에, 가장 최신 정보를 찾아볼 수 있어요.

원자의 크기를 알기 쉽게 설명하는 애니메이션
Just how small is an Atom?
https://www.ted.com/talks/just_how_small_is_an_atom

<원자는 얼마나 작을까?>는 미국의 과학 교사 존 버그만이 TED 강연에 사용한 약 6분짜리 애니메이션이에요. 원자는 맨눈으로는 절대 볼 수 없는 아주 작은 입자예요. 존 버그만은 이 작은 원자의 크기와 구조를 알기 쉽게 설명하기 위해, 우리가 잘 아는 자몽이나 블루베리 같은 과일과 비교했어요. 애니메이션 내용도 재밌고 비교를 통해 정보를 전달하는 방식도 이 책과 같아서, 추천하는 교육 자료예요.

★ 저자와 출판사는 상기 웹사이트의 모든 콘텐츠가 최고 품질의 교육 자료이며 모든 연령이 활용하기에 적절함을 보장하기 위해 최선의 노력을 기울였습니다. 그러나 인터넷 접속 시에는 부모님을 포함한 어른이 감독할 것을 강력히 권고합니다.

단위, 알기 쉽게 비교하기!

1. 단위는 왜 여러 가지일까?

세상에는 정말 많은 단위가 있어요. 길이와 무게, 부피, 넓이를 측정하는 단위가 다 다르고, 길이를 측정하는 단위 안에도 크고 작은 여러 가지 단위가 있지요. 우리는 왜 이렇게 많은 단위를 사용하게 된 걸까요? 그 이유는 단 하나, 더욱 편리한 생활을 위해서예요.

예를 들어 세상에 길이를 측정하는 단위가 자의 작은 눈금 하나에 해당하는 '밀리미터(mm)'밖에 없다고 생각해 보세요. 그럼 작은 빈대나 파리의 크기를 재기에는 편리하겠지만, 어마어마하게 긴 대왕오징어나 세계에서 가장 높은 빌딩의 길이를 잴 때는 엄청나게 불편할 거예요. 자가 수천 개에서 수십만 개는 필요할 테니까요. 반대로 '미터(m)'만 존재한다고 해도 불편함은 마찬가지이겠지요. 바로 이런 이유에서 큰 값은 큰 단위로, 작은 값은 작은 단위로 측정할 수 있도록 크고 작은 여러 가지 단위가 생겨난 것이랍니다!

2. 단위 안에 숨어 있는 규칙!

단위가 많다고 해서 머리 아파할 필요는 하나도 없어요. 단위 안에도 숨어 있는 '규칙'이 있거든요! 예를 들어 길이를 측정하는 기본 단위는 '미터(m)'예요. 여기에 아래 표에 있는 '밀리(m)'를 붙이면 미터의 1000분의 1 길이인 '밀리미터(mm)'가 돼요. 또 '킬로(k)'를 붙이면 미터의 1,000배인 '킬로미터(km)'가 된답니다. 아래에 있는 예시처럼 무게도, 들이도 마찬가지예요.

참고로 우리가 생활 속에서 자주 사용하는 것은 회색으로 표시된 기본 단위와 밀리(m), 센티(c), 킬로(k)예요. 초등학교 수학·과학 교과 과정에서도 이 4가지만 알면 충분하답니다.

←작은 단위　　　　　　　　　　　　　　　　　　　　　　　　　　　　　　　　　　　　　큰 단위→

나노(n)	마이크로(μ)	밀리(m)	센티(c)	데시(d)	기본	데카(da)	헥토(h)	킬로(k)	메가(M)	기가(G)
기본의 10억분의 1	기본의 100만분의 1	기본의 1,000분의 1	기본의 100분의 1	기본의 10분의 1		기본의 10배	기본의 100배	기본의 1,000배	기본의 100만 배	기본의 10억 배

예시

길이 (기본 단위 m)	무게 (기본 단위 g)	들이 (기본 단위 L)
1mm = 1m의 1,000분의 1 1cm = 1m의 100분의 1 1km = 1m의 1,000배	1mg = 1g의 1,000분의 1 1kg = 1g의 1,000배	1mL = 1L의 1,000분의 1 1kL = 1L의 1,000배

3. 길이를 측정하는 단위 : 미터(m)

'길이'는 어떤 사물의 한 끝에서 다른 끝까지의 거리를 말해요. '길이가 길다/짧다', '키가 크다/작다', '높이가 높다/낮다', '거리가 멀다/가깝다'라고 표현하지요. 길이는 '자'를 이용해서 측정해요. 아래 그림처럼 큰 눈금 한 칸의 길이를 1센티미터(cm), 작은 눈금 한 칸의 길이를 1밀리미터(mm)라고 한답니다.

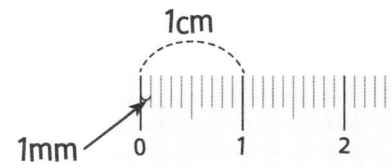

밀리미터(mm)	센티미터(cm)	미터(m)	킬로미터(km)	인치(in)
• 쌀알, 씨앗, 빈대처럼 작은 것의 크기 • 사람의 신발 치수	• 생물과 물건의 길이, 높이 • 사람의 키	• 고래나 코끼리, 냉장고처럼 커다란 것의 길이 • 차나 기차 같은 탈것의 길이 • 거리, 높이, 깊이	• 먼 거리, 높이, 깊이 • 다리나 송수로 같은 기다란 구조물의 길이	• 허리둘레 • 텔레비전과 모니터 크기

1mm = 0.1cm = 0.001m = 0.000001km = 0.03937in

10mm = 1cm = 0.01m = 0.00001km = 0.393701in

1,000mm = 100cm = 1m = 0.001km = 39.37008in

1,000,000mm = 100,000cm = 1000m = 1km = 39370.08in

4. 넓이를 측정하는 단위 : 제곱미터(m²)

'넓이'란 도형이 차지하는 공간이나 범위의 크기를 말해요. '넓이가 넓다/좁다'라고 표현하지요. 우리가 주로 사용하는 넓이 단위로는 제곱미터(m^2)와 제곱킬로미터(km^2)가 있는데, 그중 $1m^2$는 한 변의 길이가 1m인 정사각형의 넓이를 나타내요.

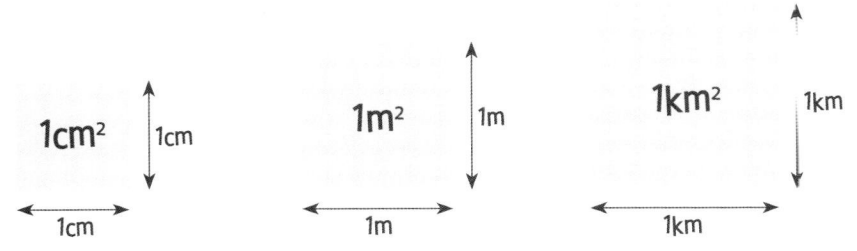

$1m^2$와 $1km^2$의 차이가 1,000배가 아닌 100만 배인 이유는 1,000을 2번 곱했기 때문이에요.

제곱센티미터(cm²)	제곱미터(m²)	제곱킬로미터(km²)
• 타일이나 벽지 넓이	• 건물 넓이 • 꽃밭 넓이	• 아주 널따란 땅의 넓이 • 나라 면적

$1cm^2$ = $0.0001m^2$ = $0.0000000001km^2$

$10,000cm^2$ = $1m^2$ = $0.000001km^2$

$10,000,000,000cm^2$ = $1,000,000m^2$ = $1km^2$

5. 부피를 측정하는 단위 : 세제곱미터(m³)

'부피'란 **넓이와 높이를 가진 입체 도형이 공간에서 차지하는 크기**를 말해요. '부피가 크다/작다'라고 표현하지요. 우리가 주로 사용하는 부피 단위로는 세제곱미터(m³)와 세제곱센티미터(cm³)가 있는데, 그중 1m³는 가로, 세로, 높이가 각각 1m인 정육면체의 부피를 말해요.

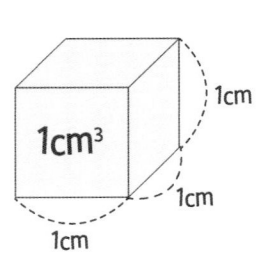
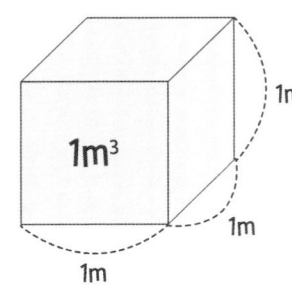

역시 1cm³와 1m³의 차이가 100배가 아닌 100만 배인 이유는 100을 3번 곱했기 때문이에요.

세제곱센티미터(cm³)	세제곱미터(m³)
• 통이나 그릇의 용량 • 자동차 엔진의 용량 • 물약의 용량	• 수영장, 컨테이너처럼 부피가 큰 물체의 용량 • 흙더미, 눈 더미 등의 부피

$1cm^3 = 0.000001m^3$

$1,000,000cm^3 = 1m^3$

6. 들이를 측정하는 단위 : 리터(L)

우리는 흔히 부피와 들이를 섞어 사용해요. 그 이유는 사용하는 단위가 같기 때문이에요. 그런데 아주 정확하게 말하자면, '부피'는 입체가 공간에서 차지하는 크기를 말하고 **'들이'**는 **통이나 그릇 같은 입체 안쪽 부피의 최댓값**을 말해요. 예를 들어 겉에서 보기에는 크기가 똑같은 유리병이 2개 있어요. 그런데 하나는 유리 두께가 두껍고 하나는 얇다면, 그 안에 담을 수 있는 양은 차이가 날 수밖에 없겠지요? 그래서 부피와 들이의 개념을 나눠 놓은 것이랍니다.

들이는 '크다/작다' 또는 '많다/적다'라고 표현해요. 우리가 주로 사용하는 들이 단위로는 리터(L)와 밀리리터(mL)가 있는데, 그중 1L는 그릇 안쪽의 가로, 세로, 높이가 각각 10cm인 정육면체를 이용해서 측정해요. 즉 부피가 1,000세제곱센티미터(cm³)인 정육면체의 들이가 1L이며, 1리터는 1,000mL와 같답니다.

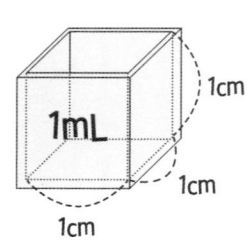
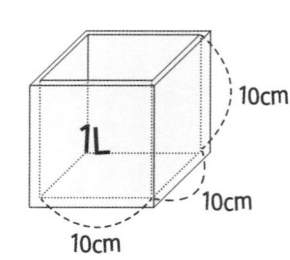
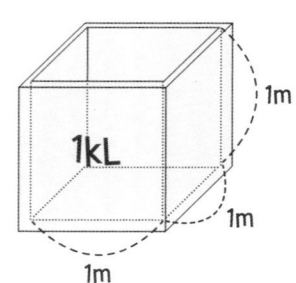

밀리리터(mL)	리터(L)	킬로리터(kL)
• 물, 주스, 우유 등의 용량	• 물, 주스, 우유 등의 용량 • 연료 용량 • 냉장고 용량	• 유조선 탱크 등 엄청난 공간에 담을 수 있는 용량

1mL = 0.001L = 0.000001kL

1,000mL = **1L** = 0.001kL

1,000,000mL = 1,000L = **1kL**

7. 무게를 측정하는 단위 : 그램(g)

'무게'란 어떤 사물의 무거운 정도를 말해요. 체중계 같은 저울을 이용해서 측정하고 '무게가 무겁다/가볍다'라고 표현하지요. 주로 사용하는 단위는 그램(g)과 킬로그램(kg)으로, 1,000g은 1kg과 같아요.

그램(g)	킬로그램(kg)	톤(t)
• 쌀알, 씨앗, 쇠주머니쥐처럼 작고 가벼운 것의 무게	• 사람 몸무게 • 동물, 식물, 물건의 무게	• 대왕고래나 기계 같은 거대한 것의 무게 • 무거운 화물 무게

1g = 0.001kg = 0.000001t

1,000g = **1kg** = 0.001t

1,000,000g = 1,000kg = **1t**

8. 부피, 들이, 무게 단위의 관계

가로, 세로, 높이가 각각 1cm인 정육면체가 있어요. 이 정육면체의 부피는 1cm³이고, 1cm³ 안에 담을 수 있는 액체의 양은 1mL예요. 그럼 1mL의 무게는 얼마일까요?

사실 부피가 같은 물체라도 무게는 다 달라요. 그래서 사람들은 온도가 4℃인 물의 부피를 기준으로 무게를 정했어요. 그러니까 4℃ 물 1cm³의 무게를 1g으로, 1,000cm³의 무게를 1kg으로 정한 것이지요. 이렇게 부피, 들이, 무게의 단위는 서로 연결돼 있답니다.

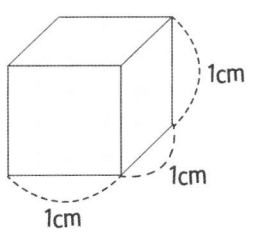

부피	들이	무게
1cm³	= 1mL	= 1g
1,000cm³	= 1,000mL = 1L	= 1,000g = 1kg
1m³ = 1,000,000cm³	= 1,000,000mL = 1,000L = 1kL	= 1,000,000g = 1,000kg = 1t

에필로그

사물의 크기는 어떻게 정했을까요?

세상에서 가장 높은 빌딩이나 산 같은 것은 공식적인 측정값이 알려져 있고, 커다란 지각 변동이 생기지 않는 한 그 값이 변하지도 않아요. 하지만 대부분의 사물은 그렇지 않답니다. 대왕고래의 무게나 열 살 어린이의 키가 모두 똑같은 것은 아니고, 사람이 만드는 비치볼과 연필의 크기도 한 가지는 아니니까요.

그렇다면 피사의 사탑 높이와 기린의 키를 비교할 때, 어떤 값으로 비교해야 할까요? 이 책은 수많은 연구 결과와 이 책을 위해 모인 전문가 팀의 자료를 바탕으로, '평균'을 계산해 사용했어요.

평균은 3가지 방법으로 구할 수 있어요.

★ **중앙값(median)** : 키가 가장 작은 기린부터 가장 큰 기린까지, 모든 기린의 키를 측정한 값을 쭉 늘어놓았을 때 그 중앙에 있는 값

★ **평균값(mean)** : 모든 기린의 키를 더한 다음 기린의 총 마릿수로 나눈 값

★ **최빈값(mode)** : 모든 기린의 키를 측정한 값 중에서 가장 많이 나타나는 값

그런데 전 세계에 있는 기린을 모두 찾아서 키를 측정하기란 너무나 어려운 일이에요. 새로운 기린이 태어나기도 하고, 혹시 빠트린 기린이 있을 수도 있잖아요. 그러니 기린의 경우에는 중앙값이나 평균값보다는 최빈값을 구하는 것이 가장 좋은 방법이지요.

물론 평균을 이용해서 사물을 비교하는 것은 정밀한 과학이라고 볼 수 없어요. '어느 정도', '대략', '거의', '보통'이라는 말이 붙는 경우가 많으니까요. 하지만 그렇다고 해도 단위처럼 어려운 개념이나 상상할 수 없는 사물의 크기를 쉽게 알려준다는 점에서는 꽤 만족스러운 방법이랍니다.

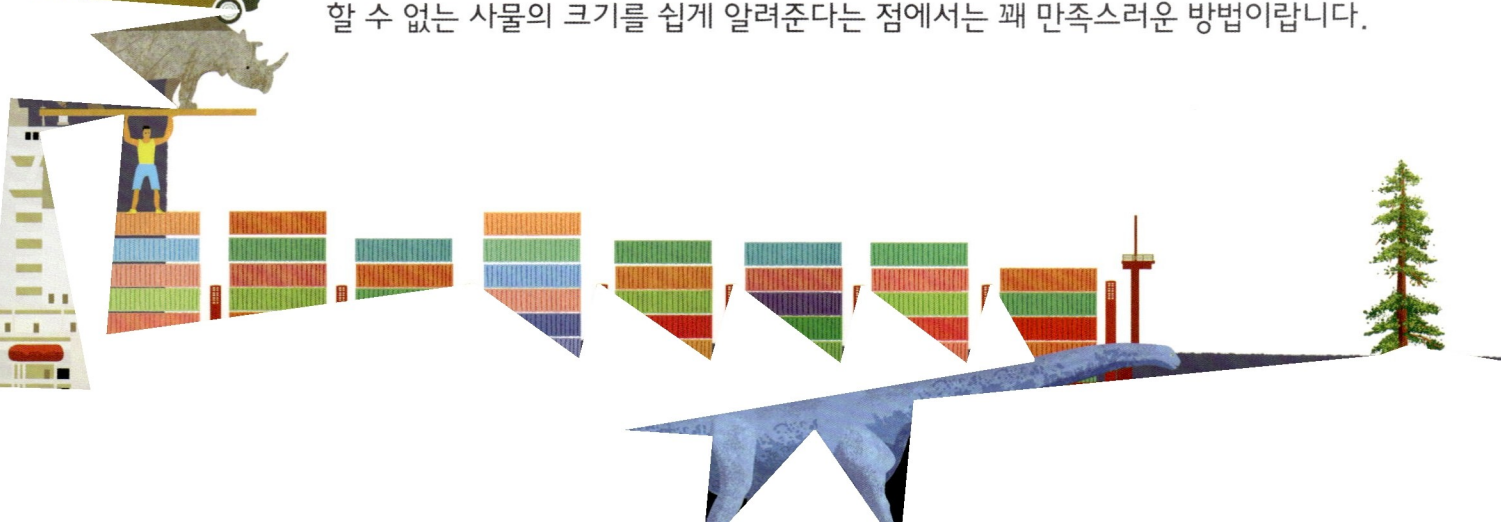

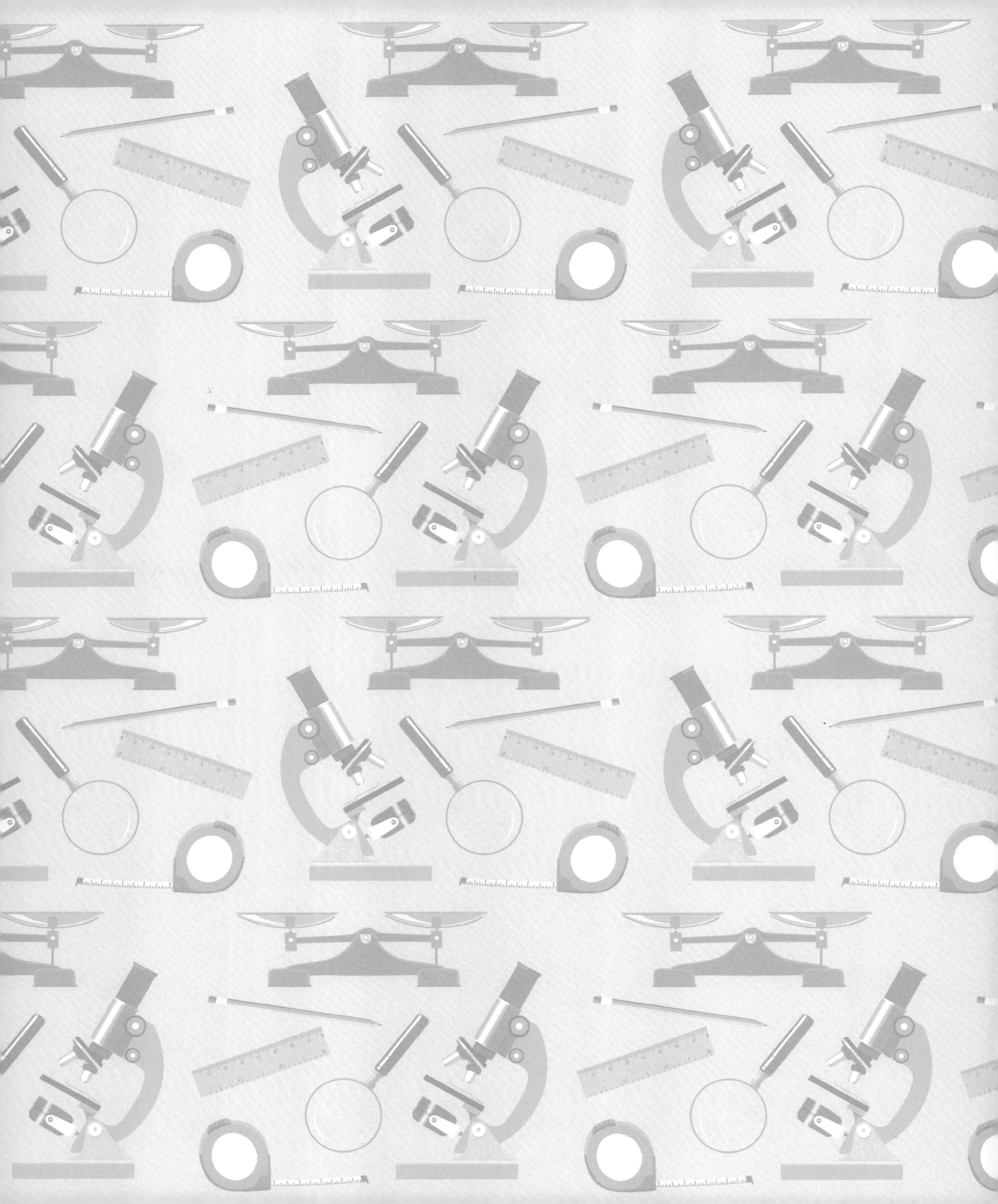